U0029308

大象心理館

鄭石岩作品集

親職與教育 6

國家圖書館出版品預行編目資料

父母之愛：用有能力的愛，教出優秀孩子／鄭石岩著. --四版. --臺北市：遠流, 2009.09
面；　公分. --（大眾心理館）（鄭石岩作品集）（親職與教育；6）

ISBN 978-957-32-6512-2（平裝）

1.家庭教育　2.親職教育　3.子女教育

528.2　　98013769

大眾心理館
鄭石岩作品集　親職與教育 ⑥

父母之愛
用有能力的愛，教出優秀孩子

作者——鄭石岩
執行主編——林淑慎
美術設計——唐壽南
發行人——王榮文
出版發行——遠流出版事業股份有限公司
100臺北市南昌路二段81號6樓
郵撥／0189456-1
電話／2392-6899　傳真／2392-6658
香港發行——遠流（香港）出版公司
香港北角英皇道310號雲華大廈4樓505室
電話／2508-9048　傳真／2503-3258
香港售價／港幣80元
法律顧問——王秀哲律師・董安丹律師
著作權顧問——蕭雄淋律師
□2009年 9 月 1 日　四版一刷
行政院新聞局局版臺業字第1295號
售價新台幣240元（缺頁或破損的書，請寄回更換）
有著作權・侵害必究 Print in Taiwan
ISBN 978-957-32-6512-2

遠流博識網
http://www.ylib.com　E-mail: ylib@ylib.com

父母之愛

用有能力的愛，教出優秀孩子

鄭石岩／著

總序

我的創作歷程

鄭石岩

寫作是我生涯中的一個枝椏，隨緣長出的根芽，卻開出許多花朵，結成一串累累的果子。

我寫作的著眼點，是想透過理論與實務的結合，闡釋現代人生活適應之道，提倡正確的教育觀念和方法，幫助每個人心智成長。透過東西文化的融合，尋找美好人生的線索。我細心的觀察、體驗和研究，繼而流露於筆端，寫出這些作品。書中有隨緣觀察的心得，有實務經驗的發現，有理論的引用，也有對現實生活的回應。在忙碌的工作和生活中，我採取細水長流，每天做一點，積少成多。

從第一本作品出版到現在，已經寫了四十幾本書。這些書都與禪佛學、教育、親職、心靈、諮商與輔導有關。寫作題材從艱深的禪學、唯識及心靈課題，到日常生活的調適和心智成長，都保持深入淺出、人人能懂的風格。艱澀冗長的理論不易被理解，特化作活潑實用的知識，使讀者在閱讀時，容易共鳴、領會、受用。因此，這些書都有不錯的評價和讀者的喜愛。

每當演講或學術討論會後，或在機場、車站等公共場所時，總是有讀者朋友向我招呼，表達受惠於這些著作。他們告訴我「你的書陪伴我度過人生最困難的歲月」，或說「我是讀你的書長大茁壯的」。身為一個作者，最大的感和安慰，就在這些真誠的回應上：歡喜看到這些書在國內外及中國大陸，對現代人心靈生活的提升，發揮了影響力。

多年來持續寫作的心願，是為研究、發現及傳遞現代人生活與工作適應的知識和智慧。所以當遠流規劃在【大眾心理館】裡開闢【鄭石岩作品集】，期望能更有效服務讀者的需要，並囑我寫序時，心中真有無比的喜悅。

我在三十九歲之前，從來沒有想過要筆耕寫作。除了學術論文發表之外，沒想過要從事創作。一九八三年的一場登山意外，不慎跌落山谷，脊椎嚴重受創，下半身麻痺，面臨殘障不良於行的危機。那時病假治傷，不能上班，不多久，情緒掉到谷底，憂鬱沮喪化作滿面愁容。

秀真一直非常耐心地陪伴我，聽我傾訴憂慮和不安。有一天傍晚，她以佛門同修的立場警惕我說：「先生！你學的是心理諮商，從小就修持佛法；你懂得如何助人，也常常在各地演講。現在自己碰到難題，卻用不出來。看來你能講給別人聽，自己卻不受用。」

我聽完她的警語，心中有些慚愧，也有些省悟。我默然沉思良久。我知道必須接納現實，去面對眼前的困境。當晚九時許，我對秀真說：「我已了然於心，即使未來不良於行，也要坐在輪椅上，繼續我的教育和弘化工作，活得開心，活得有意義才行。」

她好奇的問道：「那就太好了！你準備怎麼做呢？」

我堅定的回答：「我決心寫作，就從現在開始。請你為我取下參閱的書籍，準備需要的紙筆，以及一塊家裡現成的棋盤作墊板。」

當天短短的對話，卻從無助絕望的困境，看到新的意義和希望。我期許自己，把東方的禪佛學和西方的心理學結合起來，變成生活的智慧；鼓勵自己，把學過的理論和累積的實務經驗融合在一起，成為活潑實用的生活新知，分享給廣大的讀者。

邊研究邊寫作，邊修持邊療傷，健康慢慢有了轉機，能回復上班工作。歷經兩年的煎熬，傷勢大部分康復，寫作卻成為業餘的愛好。從一九八五年出版第一本書開始，所有著作都經秀真校對，並給予許多建議和指教。有她的支持，一起分享作品的內容，而使寫作變得更有趣。

住院治療期間，老友王榮文先生，遠流出版公司的董事長，到醫院探視。我送給他一本佛學的演講稿，本意是希望他也能學佛，沒想到過了幾天，他卻到醫院告訴我：「我要出版這本書。」

我驚訝地說：「那是佛學講義，你把講義當書來出，屆時賣不出去，你會虧本的。這樣我心不安，不行的。」

他說：「那麼就請你把它寫成大家喜歡讀的書，反正我要出版。」

就這樣允諾稿約，經過修改增補，《清心與自在》於焉出版，而且很快暢銷起來。因為那是第一本融合佛學與心理學的創作，受到好評殊多。爾後的每一本書，都針對一個現實的主題，紮根在心理、佛學和教育的學術領域，活化應用於現實生活。

禪佛學自一九八五年開始，在學術界和企業界，逐漸蔚成風氣，形成管理心理學的一部分，企業界更提倡禪式管理、禪的個人修持，都與這一系列的書籍出版有關。

後來我將關注焦點轉移到教育和親職，相關作品提醒為師為親者應注意到心理健康、學生輔導、情緒教育等，對教育界也產生廣泛的影響。教師的愛被視為是一種能力，親職技巧受到更多重視，我的書符合了大家的需要，並受到肯定，例如《覺・教導的智慧》一書就獲頒行政院新聞局金鼎獎。

在實務工作中，我發現心靈成長和勵志的知識，對每一個人都非常重要。於是我著手寫了好幾本這方面的作品，許多家長把這些書帶進家庭，促進親子間的和諧，並幫助年輕人心智成長；許多大學生和初踏進社會的新鮮人，都是這些書的讀者。許多民間團體和讀書會，也推薦閱讀這些作品。

唯識學是佛學中的心理學，我發現它是華人社會中很好的諮商心理學。不過原典艱澀難懂，於是我著手整理和解釋，融會心理學的知識，變成一套唯識心理學系列。此外，禪與諮商輔導亦有密切的關係，我把它整理為禪式諮商，兼具理論基礎和實用價值，對於現代人的憂鬱、焦慮和暴力，有良好的對治效果。目前禪與唯識，在心理諮商與輔導的應用面，不只台灣和大陸在蓬勃發展，全世界華人社會也用得普遍。每年我要在國內外，作許多場次的研習和演講，正是這個趨勢的寫照。

二十年來我在寫作上的靈感和素材源源不絕，是因為關心現代人生活的適應問題和心理健康。我從事心理諮商的研究和實務工作超過三十年，個案從兒童青少年到青壯年及老年都有；類別包括心理調適、生涯、婚姻諮商等，我也參與臨終諮商及安寧病房的推工作。對於人類心靈生活的興趣，源自個人的關心；當我晤談的個案越多，對心理和心靈的調適，領會也越深。

我的生涯歷練相當豐富。年少時家境窮困，為了謀生而打工務農，當過建築工、水果販、小批發商、大批發商。經濟能力稍好，才有機會念大學。後來我當過中學老師，在大學任教多年，擔任過簡任公務員，也負責主管全國各級學校訓輔工作多年，實務上有許多的磨練。

我很感恩母親，從小鼓勵我上進，教我去做生意營生。她在我七歲時，就帶我入佛門學佛，讓我有機會接觸佛法，接近諸山長老和高僧，打下良好的佛學根柢。我也很感恩許多長輩，給我機會參與國家科技推工作長達十餘年，從而了解社會、經濟、文化和心理特質，是個人心靈生活的關鍵因素。如果我觀察個案的眼光稍稍開闊一些，助人的技巧稍微靈活一點，都是因為這些歷練所賜。在寫作時，每一本書的視野，也變得寬博和活潑實用。

現在我已過耳順之年，但還是對於二十餘年前受重傷所發的心願，珍惜和努力不已。希望在有生之年，還有更多精神力從事這方面的研究和寫作。寫作、助人及以書度人，是我生命意義中很重要的一部分，我會法喜充滿地繼續工作下去。

父母之愛

目錄

第二篇　打好孩子的根基

新版序 給孩子有能力的愛

父母之愛對孩子而言，是生命的守護神。不過父母必須了解，光有愛是不夠的，你必須有能力引導孩子，發展健康的自我功能，走出屬於他自己的人生路。

愛的目的不是保護或佔有，更不是把自己未實現的願望，加諸孩子的身上，變成你的寄託。愛孩子是天倫大事，是生活的實現，也是人生的責任和意義。不過親子之愛不能變成共依效應（codependency），因為所有人都不能成為別人愛的傀儡，注定要成為自我認同的個體才行。

父母之愛是一種能力，它讓親子在彼此互愛中發展各自的自我效能，最後都成為有愛心的人。這樣的愛，當孩子長大成為身心健全的人時，父母也邁向另一階段的成熟，從而懷著仁慈和智慧去看人生，領悟更豐富的生命意義。

教導要及時，方法要正確，這便是有能力的愛。有能力的愛使親子發展出相互支持、彼此關心、互相了解和負起責任的關係。透過活潑豐富的互動，父母幫助孩子茁壯和成熟；將來孩子長大成人，也能反哺扶持老邁的雙親。

父母之愛有時代的趨勢，因為每個時代的文化潮流略有差異，教育子女的態度不同，培養出來的性格特質也就不一樣。美國自二〇〇〇年以來，對新一代年輕人的性格，作了許多研究。他們把年輕的一代，稱做Me世代。因為新一代的年輕人，比較著重自我，注重自己的生活，強調自己的感受。聖地牙哥州立大學的社會學家特吉（Jean M. Twenge）指出：由於新一代的年輕人，受到的保護較多，接受的生活磨練少，父母過分強調孩子的自尊和自由，所以Me世代的人對社會贊許的需求下降，特別關注自我，普遍關心並強調自己的想法和感受，有較多外控性格傾向，物質享受需求增加，性觀念的開放，喜歡做「讓自己舒服的事」。

觀察我們的新一代，就性格的積極面而言是：重視個人自由和自信，創意和想像力提升，肯定性高，追求與趣和享受，擁抱理想與積極進取。年輕的一代的確有許多優異的表現，無論是運動、藝術、創意、發明和學業成就，在國際上有可圈可點的表現。不過由於些許教養上的偏差，諸如過度溺愛，而缺乏生活紀律的要求；強調升學競爭，而忽略生活的歷練；著眼於自我實現，而忽略團隊合作的培養……這些趨勢性因素，也造就了新生代的些許弱點。

此外，父母在教養子女時，如果有了婚姻衝突甚至演變成家庭暴力，缺乏能力維護孩子的安全感和健康的自尊，甚至過度嚴苛或管教失當造成創傷等等，都會危及孩子心理健康和人格發展。孩子心理健康毀了，即使有最好的成績也是枉然。

神經學家奧斯汀（James H. Austin）指出：我們大腦所經驗到的世界，包含四個領域，那就是知覺、情緒、理性與抉擇、直覺與創意。在情緒這一區塊，如果有了不穩定的現象，個體長期陷入焦慮、悲觀、憤怒、沮喪和憂鬱之中，自我功能和回應能力將大大受到影響。然而，這些負面情緒是從生活經驗中得來的，父母親在撫育孩子和教導時，應特別加以關注。

誠如心理學家弗洛姆（Erich Fromm）所說：「愛的本質是給予。」它給所愛的人關懷，對其成長和需要負起責任，透過了解並以合適的方式提供協助。愛使所愛的人成長、自信和具創造力，並喚起對方愛的能力；於是，愛是人生中積極的力量，能突破藩籬，脫離孤單。父母之愛就是把乳汁、照顧、溫暖和安全等等給孩子。親子互愛，卻又保持了各自的完整性。

《父母之愛》這本書，是我從理論和實務工作中，淬取出來的教導智慧。最近，我特別留意幼兒階段的撫育和教導，深知孩子早年的經驗，對其一生影響深遠，所以又增補了新的內容。希望這本書能帶給為人父母的人，正確的教養觀念和方法，實踐愛的真諦，壯碩下一代的健康身心。

原序

愛是生命的陽光

我經常應邀在學校和社會機構演講，談父母如何教導子女等親子教育的議題。每一次聽講的父母總是濟濟滿堂，發問也極踴躍。我深信大家都渴望著一些新的教導方法或技巧，來應付社會變遷中的家庭教育問題。

新一代的父母都非常重視子女的教育，付出的愛心很多，對於子女未來的期望也很高，但是父母管教孩子，只憑一廂情願的愛心是不夠的。學習正確的教導方法，使愛變成能力和智慧，愛孩子也愛自己的精神成長，這才是有能力的愛。

我們的社會正急速地變遷，無論在經濟生活方式、家庭結構、文化現象、價值體系等方面，變化極為迅速。教育的調適發生了困難，以致造成許多青少年問題。我覺得克服這些問題的關鍵是「父母之愛」，是父母能提供給子女有能力的愛、能引起孩子身心成長的愛。

這本書的主要目的是提供正確的教導觀念和方法，把父母的愛心化為教導的能力。因此本書不談繁瑣的兒童發展和冗長難懂的心理學理論，而以深入淺出的方式，提出具體的教育觀念和方法。

親子之間的愛，是生命過程中最絢爛的一部分。它使家庭充滿溫馨的喜樂，把下一代撫育成人，並建立了最基本的人際互信、安全和情感關係。「父母之愛」是生命世界的陽光，是人類生命延續的關鍵，也是文化傳承的核心。

謹以此書獻給這一代的父母和教師。我相信它能提供一些良好的教導指引，幫助你發揮父母之愛，同時也可作為教師推廣親職教育與學校教學的參考。

第一篇 做孩子一生的貴人

父母親能把孩子心智潛能照顧好，就是孩子一生的貴人。

所有父母都疼愛自己的孩子，都會全心全力去做孩子的貴人。不過，由於教導知識的不足以及撫育上的疏忽，有許多人錯失擔當貴人的機會。

現代父母瞭解天賦和後天學習同等的重要，往往給孩子額外的補習，參加昂貴的藝術活動，期待他們在才藝和成績上有傑出表現。然而儘管使出渾身解數，要幫助孩子出人頭地，但有許多父母卻失望了。

他們的孩子努力用功，卻拿不到好成績；長期的敦促鼓勵，卻變成孩子的壓力；天天叮嚀鞭策，卻弄得心理困擾失調。於是有些孩子變得沮喪和憂鬱，有些孩子遁入網路叢林，有些孩子自暴自棄不學好，有些孩子則變成尼特族（NEET）乾脆賴著父母親過活，什麼也不想做。這些難題的由來，主要的原因是心智潛能沒有得到良好的發展。

心理學研究指出：大腦神經網路的建構，必須在嬰幼兒階段提供豐富的刺激環境，給予好的引導，心智才能得到充分的發展。所謂豐富的刺激是指嬰幼兒要有人逗他玩，跟他說話唱歌，一起玩玩具、躲貓貓、製作會動的玩具等等。

兒童智力研究的先鋒特曼（Lewis Terman）曾報告指出：有一位父親在第一個孩子的嬰幼兒期，提供豐富的環境，創造許多玩具和遊戲活動，老大長到兒童期時，智商是全加州最高的。第二孩子出生時他工作太忙，未能給予特別的教導，結果一切表現平平。第三個孩子出生時，他又做了許多玩具、遊戲和教導，這女孩智商亦列入天才那一級。

所以，教導孩子要及時。父母親願意花時間和嬰幼兒玩，佈置一些觀察探索的遊戲和空間，讓孩子在玩遊戲、說話和互動中學習，孩子所得到的不只是智能的發展，生活態度和心理健康，亦在這時打下基礎。

1 愛心迎接新生命

父母之愛始於迎接新生的孩子，自己也開啟了另一段豐收的人生歲月。

嬰兒呱呱墜地來到人間，他什麼也不能，唯一仰賴的就是父母的愛。唯有父母的保護哺育，給他溫馨安全，照顧他身心的需要，才能逐漸成長為能勝任自己人生、面對生活挑戰的個體。

剛誕生的小生命完全依賴父母，所以父母之愛是天職。身為父母的人在抱起稚嫩的嬰兒時，天性良知也在呼喚他：要他承擔起責任，付出真愛去保護提攜孩子長大。於是，親子之間形成了互愛結構。

人世間最美最珍貴的就是互愛，而親子之間的互愛是一切互愛的基礎，也是展現生命意義的主軸。許多研究指出：生命到了終點時，幾乎都會回顧自己是否真的有實踐愛，而愛的根源即建立在親子互動關係上。

親子間的互愛是天經地義的事。它是人類生老病死互相提攜照顧的天倫，也是自然的基本生命現象。固然我們不能只靠這單一的精神力量，還得發展社會互愛互助的系統，透過家庭、學校和社會功能，把孩子帶大，不過圓滿人生最根本的動力，還是父母之愛。

父母之愛必須是有能力的愛。它孕育孩子人格的核心，喚起學習和成長的動力，甚至是精神生活的主軸。尤其是幼年之前，父母之愛的品質，對孩子大腦神經網絡的影響殊多。多年來的輔導實務與研究，我了解到許多青少年的問題，是根植於幼年和童年的錯誤教育。尤其是缺乏安全感、對人的不信任以及敵意等情緒，都與童年的不當際遇或撫育方式有關。

現代人生活太忙，情緒緊張，對孩子往往失去耐性，或者疏於親子互動，以致未能提供豐富的活動，使孩子大腦的發展受到限制。有些孩子因為經常更換保母，危及其安全感。早期生活經驗是孩子生命力的基礎，孩子從誕生到就學前這短短的幾年，對其身心健康、情緒發展和人際互動方式，具有決定性的影響，父母親必須重視它。

觀照嬰幼兒的情緒

嬰幼兒的照顧方式，除了注意維生所需、疾病及安全之外，父母親對孩子的哺育和照顧方式，是影響孩子未來發展很重要的因素。前者你可以向醫院的醫師、育嬰專家乃至有經驗的長輩請教，或閱讀相關書籍。在今天這個資訊發達，父母親教育水準提高的時代，餵哺本身比較容易解決。但對於哺育和照顧方式所產生的深遠影響，則不可不知。

新生嬰兒一開始並不懂得怎麼跟父母互動。他們餓了就哭，不舒服就叫；吃飽了就睡，便溺濕了就吵。他不會說話，只用哭鬧來表達需要。幾個月之後，維生需要增加，你要給他副食品；他對味道開始有分辨力，而有了喜好。

許多父母親注意到，如果嬰兒一哭就去抱他，他就會變得很黏人。甚至大人稍稍離開視線，就哭鬧起來。於是，採取了不理會他的應對方法，「讓他哭夠了，自動會少哭。」孩子減少吵鬧，帶起來就不會太累。這是許多人的如意算盤。

照顧新生兒是很辛苦的，再加上工作和生活現實的壓力，就更艱辛了。如果不理會他哭，可以達到自動不哭的效果，誰都很樂意嘗試。當然，你還是會準時哺乳，給他換尿布或洗澡。

不過讓嬰幼兒哭到自然停，以後甚至很少哭鬧，這有沒有可能使嬰幼兒學會無助感呢？也就是說，他所做的反應都沒有效果，得不到父母親的回應，而造成「習得的無助」（learned helplessness）。這是否會抑制他的主動性，甚至種下日後憂鬱的種子呢？老實說可能性很大，你可得留意防範。

心理學家塞利格曼（Martin E. P. Seligman）是第一位發現「習得的無助」的心理學家。他指出這種無助感，容易發展成放棄主動回應自己的需要，沮喪地呆在那兒。習得的無助也是憂鬱症的重要因子。父母要保護孩子，將來免於無助和憂鬱的侵襲，就應關注這個重要的心理課題。

孩子的主動性就是他的生命力。嬰幼兒自然要找你逗著他玩，這能帶給他安全感、豐富的刺激，引發其腦力的發展。因此，適當回應嬰幼兒的哭叫需求是必要的。

此外，照顧者是嬰幼兒安全感的來源，因此，絕對要避免常常更換保母。尤其是到了新保母家，父母親在逗著他玩後，趁機偷偷的溜走（避免分離的哭鬧）。這很容易產生不安全感和不信任感，不但影響孩子未來的人際發展，更會令孩子有不能信任別人的負面經驗。

我們很清楚地觀察到：信任和安全感發展不起來的孩子，會變得孤立和不安。他們的悲觀想法和負向情緒較多，對以後的心理健康影響殊大。特別是對於充滿競爭的多元社會，往往招架不住，而形成退縮或憂鬱的現象。

循序漸進的自我控制

嬰兒從一誕生，就開始了他的學習歷程。起先他完全無法控制自己的肢體，慢慢能用小手撫著奶瓶吸奶，幾週後就能看清你的臉，五官表情漸漸活絡起來。除了吃睡之外，若能逗他玩，甚至洗澡時能給予擺動四肢的機會，對其肢體的控制和發展，有實質上的幫助。

幼兒學習大小便是自我控制的開始，這是漸進發展出來的能力。起先他便溺濕了，就會因不舒服而哭，到了一歲左右就可以適時把便把尿，他也學會配合處理，這就是自我控制的開始。到了一歲半左右，他已能主動表示要排便，配合給他便壺就能完成排便排尿。這時你要表示欣慰和肯定，他自我控制的能力，就從這裡開始發展。

自我控制是一套有效的工具。從生活規範到遊戲規則，從與玩伴相處到禮貌的形成，從情緒控制到慾望的適當滿足，都靠自我控制來執行。幼兒時期能在生活中漸漸養成好習慣，孩子就能隨著歲月增長，學會自律。

幼兒在三歲左右，開始大量快速地模仿大人的行為。如果大人不能自律，卻要強制孩子自律，效果少而困擾多，孩子很容易有樣學樣，或者陽奉陰違；到了青少年時期，就容易有更多的違規事件和叛逆。

自律的發展不是用強迫的方式養成的。它是在典範學習中，亦步亦趨，漸漸學來的。因此，每當孩子學會一點自律，父母應及時予以肯定。透過這種後果管理的方法，孩子逐漸學會紀律這個寶貴工具。

在自我控制的學習過程中，要注意紙尿褲效應。現代的嬰兒都使用品質很好的紙尿褲，這給嬰兒帶來衛生和舒適，同時給父母親帶來方便。嬰兒不再像以前包尿布時代，產生尿布疹而紅腫著屁股，父母也不必為曬不乾的濕尿布發愁。不過，紙尿褲卻也帶來一個問題：延後學習大小便的訓練。甚至有孩子到上幼稚園小班，還沒有學會控制排便。這是因為紙尿褲取代了把尿的訓練，導致孩子發展自我控制的時間延後，甚至影響爾後自律能力的發展。

適時給孩子把便把尿，以漸進的方式養成自我控制的基本習慣，對於日後學習生活規範和自律，有很好的助益。

大腦發展的黃金時期

近年來由於神經科學的研究，對幼兒大腦發展有了全新的理解。我們已經知道，孩子最初的四十八個月，豐富的刺激對大腦的發展具有關鍵性的影響。誠如哈佛大學心理學家卡根（Jerome Kagan）所說，孩子智能一半由遺傳而來，一半由學習而來，孩子前二十四個月的養育方式，會影響孩子形塑不同的大腦神經連結。大腦是要透過肢體活動和運用五官的經驗，才能有效的發展。

一歲之前，發展神經元的知覺地圖集中在聽覺皮質，這也是奠定未來語言發展的基礎。胡騰洛克（Janellen Huttenlocher）指出：要多跟嬰幼兒說話，使用真實世界所用的語調，嬰兒就能發展出較好的語言能力。更多研究指出：父母若能在嬰幼兒階段，多與孩子說話、講故事、念書給孩子聽，對語言發展甚有幫助。

此外，有些研究指出：孩子在一歲時，已經可以了解基本的計算原則，以及簡易的物理概念。父母親若能在日常生活中，多做些這方面的試探，便能為孩子奠定學習的基礎。

人的大腦功能從出生起就不斷的發展，豐富的環境是有效發展的關鍵因素。有些嬰幼兒被養在貧瘠的環境中，沒有人逗著玩，更不注意肢體活動和語言發展，於是他的神經元連結稀稀疏疏，各類智能和情緒都得不到應有的發展，這是照顧者的失職。

神經科學家伊爾斯（Felton Earls）指出，早期的腦力發展具有決定性的影響，這是無法重來的。他說：「到四歲左右，你已建構出一個日後改變可能性不多的腦。」

心理學家布魯納（Jerome Bruner）研究指出：孩子在四歲時，智能發展已決定了百分之六十。神經科學家則指出：四歲前大腦神經元的連結，已決定了百分之六十以上。父母在孩子四歲之前，要特別重視孩子大腦的發展。

隨著孩子進入童年，父母更要提供豐富的環境，幫助他們的腦力發展，這包括：

1. 多樣化的學習：愉悅地帶動孩子接觸各類新的事物，作有趣的嘗試和增加生活經驗，以促進多元智慧的發展。

2. 挑戰性的思考：在生活實境中探索和嘗試，並作清楚的解釋；創造的潛能是從親子活動的喜悅中孕育出來的。

3. 說話、隨機認字和語言發展：幼兒的語言發展有助於思考、表達和發展人際互動，更是進一步學習的工具和媒介。

4. 接觸各種形式的藝術：它有助於創造力、專注和協調性的發展。

優質的典範學習

幼兒很容易透過父母的示範，學會許多行為和習慣。他們透過觀察、模仿和認同，直接拷貝行為，產生深度的學習。原則上，他們先拷貝見聞的圖像，再慢慢吸收或擴大應用。所以透過身教的學習，影響深遠：好的身教示範，對孩子有積極的引導效果；不好的身教示範，則帶來負面的影響。一般常見的不良示範包括：

1.吵架、衝突和暴力行為，這會造成幼兒的驚嚇和不安，甚至埋下焦慮的種子。

2.散漫的生活、無精打采的表現，乃至缺乏生活紀律或家務凌亂，做了不負責任的示範，也埋下行為偏差的因子。

3.缺乏學習、好奇和探索的示範，會造成心智發展的遲緩或受阻。

4.管教態度不一，甚至因而引發父母間的衝突，容易造成孩子無所適從和敵意。

5.哀聲嘆氣，經常預期不利的未來，養成孩子悲觀和無助的生活態度。

6.一味批評和指責，缺乏對正確行為的肯定和欣賞，造成破壞性的情緒和態度。

父母應提供優質的典範，讓幼兒模仿學習，並以喜樂和風趣的態度作出示範。可以做的包括：

1.親切有禮貌的態度，在人際互動中表現仁愛襟懷。

2.以從容的態度處理日常事物，避免在孩子面前驚慌失措，或焦慮煩躁。

3.成為主動學習新知的表率，包括閱讀、說故事、分享孩子聽得懂的生活經驗。

4.帶領孩子一起做他能做的家事，示範做家事的方法給孩子看。

5.重視品格的身教，因為孩子自動會「做你做的」，而不是「做你說的」。

這些優質的典範學習，能給孩子良好的人生導航，並啟動他們的生命力。多年來我觀察到健康活潑和主動學習的青少年，都因為有好的典範學習；反之，那些心理困擾或行為偏差青少年，在他們身上都可以找到不良身教示範的根源。

每一位為人父母的人，都有責任表現出優質的身教典範，做孩子的貴人，引領他們步上光明的坦途。孩子來到人間，帶著無限的潛能，你就是他的貴人，才有締結親子關係之緣，這個關係是互愛。你給孩子好的撫育和教養，孩子就發展得好，心智能力聰慧，身心因而健康。這時為人父母者也得到喜樂和安慰。這個互愛關係，隨著時間慢慢會倒轉過來，等你衰老之時，他們亦會提供有能力的愛，知道怎麼關懷你、幫助你和照顧你。他對社會的貢獻也會令你感到安慰。

父母用愛迎接孩子的新生，同時創造天倫，著手打造彼此美好的人生和幸福。

2 父母之愛的著力點

親子間的愛不只是深度感情的互動，它同時是生命的實踐智慧。

父母對孩子的愛是一種能力。透過它，孩子才得到正確的照顧與撫育，得到安全和健康；更重要的是對孩子心智啟發和人格發展的陶冶。

父母能幫助孩子心智成長，讓他們在變遷快速的社會中，有良好的適應能力，開展幸福人生——相信這是每個父母所樂見與期盼。然而，眼前的挑戰殊多，除了升學競爭所引起的困惑和壓力之外，青少年的生活和學習問題更值得大家關心。

雖然學校這幾年透過組織改造，活化教學效能，運用社區資源，的確使教育品質獲提昇。但是，新的問題卻對教育工作形成挑戰，這些問題是父母不可不知的事：

1.從現有的評量資料中，估計青少年具憂鬱傾向者約佔三分之一。這些青少年的消極生活態度，影響他們的心理健康，阻礙其生涯的發展。

2.沈迷網路或網路成癮的學生逐漸增加，父母對這個問題束手無策。青少年在網路上遊玩、交友和試探，他們把虛擬網路當作實際生活場景，但是在這個新奇的複雜環境中，除了潛藏著許多不利於青少年身心發展的陷阱外，也會因流連忘返而容易成癮。

3.青少年與現實生活疏離，缺乏負責、營生或生涯的認知和體驗。孩子們除了上學、讀書、遊玩之外，很少有機會協助家事，遑論了解父母工作職場的辛勞和壓力。因此，養成與現實生活脫節、眼高手低、易受挫折、不能吃苦的性格特質，即使讀到大學畢業，也有許多人因為抱負水準高過自身能力卻無法接受磨練，造成失業。

4.青少年自律的能力不足，無論是對時間的掌握、用錢的節制、感情和情緒的控制等，都明顯的欠缺，造成許多偏差行為，或與家人產生強烈衝突。

父母親面對這些問題，普遍反應出不安和焦慮，有時氣憤痛心，有時挫折無助。為了避免這種困境，父母對於子女的教導，必須採行一套有效的方法，而且要及早打好根基。

此外，生活在E世代中，所有個人所學賴以維生的知識和技術，其工具性和有效時間縮短。如果缺乏主動學習，不肯隨緣成長，不但能力得不到機會發揮，還有失業的危險。因此孩子主動學習態度的培養，變得非常重要。

未來學的推估指出，往後的社會變遷速度，將會是現在的四倍。換句話說，知識和技術的半衰期將會快速縮短。如果孩子們沒有養成主動學習的態度，未能隨著社會變遷而成長，將來很容易缺乏謀生能力。

教導孩子有幾個著力點，是為人父母者愛護子女，啟發其心智發展的重點：

主動學習的態度

培養孩子自動自發的學習，就等於賦予孩子在E世代生存的能力。主動學習者肯學習新知，勇於開拓生涯和生活的內容，也較有活力。要培養主動學習的態度，必須注意以下原則：

1.培養健康的自尊：擁有健康自我觀念的人，有較多的成功經驗，得到的肯定和鼓勵多，信心強，態度樂觀。一般而言，造成自尊低落、失去學習主動性的原因，是經常受到批評和貶損，缺乏成功的經驗，只有糾正而沒有得到賞識，以及訂立太高的抱負水準，以致力不從心，自暴自棄。培養健康自尊的作法有：

- 發現孩子的優點並加以讚賞。
- 指導、幫助孩子獲得成功經驗，並分享喜悅。
- 在維持孩子自尊的情況下糾正及教導孩子。

2.容許孩子主動嘗試：主動與自律是分不開的，主動學習建立在自我控制和興趣上。孩子能控制時間，對學習有興趣，就能在學習上表現傑出。自律不是天生的，它是一種習慣；父母能指導孩子安排時間，把做家事、功課和休閒等活動做好，其主動性自然流露。教導的原則是：

- 所有的學習活動須經「安排」，讓孩子感到是自己在主導，從而有榮譽感和主動態度。

● 給孩子機會嘗試該負責也能擔負的任務。

● 在指導和充分準備之下，參加各種學習活動。

3. 身教重於言教：父母親主動學習新知和做中學的身教，對孩子能產生優質的示範效果。身教對孩子的影響力，比言教要來得直接、有效果。

好的情緒習慣

培養孩子良好的情緒習慣，等於給他好的人際互動能力、待人處世的態度、心理健康和生活品質。父母親必須是樂觀的，孩子才會樂觀，父母親情緒是穩定的，孩子的情緒才會安定。培養情緒習慣的教導原則是：

1. 親子之間彼此交心：有溫馨的親子交流，透過人際互動帶來相互的啟發、意見的整合和合作的行動。彼此交心並不是意見一致，而是彼此了解，相互同理。實踐的要領是：

● 透過聆聽、欣賞和接納，達到交心。
● 透過對彼此的了解、尊重形成共識，而不是誰服從誰。
● 交心的目的是了解孩子真正的需求，協助他獲得滿足。

2.培養家庭歡喜的氣氛：歡喜是生命的饗宴，透過彼此的交談、逗趣和幽默，可以帶來好的情緒生活，引發創造和有效的學習。

3.經驗的分享：親子間生活經驗的分享，能提昇待人接物的能力；分享悅樂的心得，更能達到互相啟發的效果。

4.人際互動的關鍵：父母要避免性急而造成親子的衝突或疏離，回應孩子的要領是：

● 對事不對人，避免造成對孩子的抨擊、批評和貶抑。
● 說話要真實扼要，不囉唆重複，避免造成孩子的厭惡。
● 找對時間和孩子說話，當孩子心煩或正專心做功課時，避免打岔。
● 跟孩子說話要注意自己的肢體語言和表情，自己正在生氣或處於憤怒情緒時，不宜與孩子談話。

養成思考的能力

帶領孩子做任何活動，應安排時間與孩子一起查資料，預作規劃。教孩子思考和解決學習或生活上的問題，是培養實踐智慧的主要方法，而懂得思考方法的孩子比較容易成功。這方面的要領是：

1. 思考能力是從觀察、歸納和推演中訓練出來的。
2. 陪孩子做有系統的科學觀察或探索，有助於科學研究和思考能力的提昇。
3. 思考的工具不是只有數理邏輯的知識和能力，語文的發展也有助於提昇思考能力。
4. 注意孩子多元智慧的發展和興趣的啟發。

生活的習慣和紀律（倫理）

生活和工作習慣決定個人的成敗。好的生活習慣能帶來健康和愉快，正確的學習習慣帶來有效的學習，好的情緒習慣帶來成功的人際互動。好習慣和好紀律即是倫理規範。因此，父母應該培養孩子的生活倫理和守法習慣。它的重點是：

1.重視家規及起碼的生活規範，包括互愛、互助、寬容和尊重。

2.心理健康的基本要素是延後報償、負責、真實和保持平衡。

3.協助孩子學習自我控制的能力，並發展自治、自制和不斷成長的習慣。

4.透過自己的示範，容易建立孩子正確的生活規範。

5.重視生活教育，帶領孩子在生活中學習智、情、意三個領域的基本能力和正確態度。

生命意義的啓發

生命需要更寬廣的視野，除了現實具象的世界之外，要引導孩子接觸到永恆的實存世界，或永生的精神法界。這才能使他懂得珍惜生活，知道用愛和智慧去生活，從而看出生命的意義與價值。人除了要重視有限生命的內涵如健康、生涯、感情、家庭等等之外，還要看清它有個更大的外延，讓我們觸及永生的存在。它給人希望和寬博的空間，心靈生活就在這兒找到安住的地方。於是父母要注意提供孩子：

1. 重視高級宗教的精神啟發，不同於迷信或求神問卜，而是一種精神生活的提昇和意義的發現。

2. 透過家庭生活建立正確的信仰，實踐愛與智慧；孩子的心變得善良與智慧，將是他一輩子的財富。

3. 培養珍愛生命、尊重一切生活的態度。

父母親的愛若能著力於這五個向度，相信孩子會是樂觀主動和上進的。這就能使孩子心智發展健全，努力向學。那些負面的心理問題，如憂鬱的傾向、躲在網路世界走不出來，或者眼高手低、不肯負責等不良行為，自然不會發生。這就是有能力的愛。父母之愛的著力點，就是要放在這幾個重心上。

第二篇 打好孩子的根基

生活在這麼一個競爭劇烈，高度經濟成長和工業化的時代裡，每個人都需要有多方面的適應能力，否則生活就會面臨困難。由於社會變遷太快，價值觀念分歧，每個人也必須具有足夠的判斷力和意志力，否則就會迷失、墮落。因此，父母應該教給孩子這方面的生活能力，好讓他們將來能應付日益緊張的生活和問題重重的環境。

我們應該怎樣教導孩子，好讓他們能過成功的生活呢？我想，答案是很明顯的，那就是心智的啓發和精神的陶冶。因為只有心智與精神力量，才能保證孩子能在這個複雜的社會中游刃有餘。

父母應該了解，對於子女的教育，並非只有讀書。讀書固然可以學到許多寶貴的知識和思想方法，但是如果沒有好的心智和精神，所學的知識和思考方法就無以發揮功用，實現自己的抱負，過具有創造性的人生。

美國有一本叫《創造性教學》的雜誌，曾專文討論個人的創造與成功因素，指出學校讀書的成績與未來是否成功，並無明顯的關係。真正決定一個人是否成功的關鍵，是個人人格的特質，也就是我所謂的心智和精神力量。茲舉出許多實例，說明許多名人在學時的成績和表現並不理想，最後卻出人頭地的成功了。這些例子包括：

- 沒有上過學的人：電氣之父法拉第、發明火車的史蒂文生。
- 沒有耐性讀書者：天文學家伽利略。
- 沒有受到好教育者：發明飛機的萊特兄弟。
- 拼字不及格者：詩人葉慈、戲劇家蕭伯納。
- 數學不及格者：政治家及發明家富蘭克林、藝術家畢卡索、心理學家阿德勒。
- 受開除處分者：理論科學家愛因斯坦、短篇小說家愛倫坡、詩人雪萊、X光發明人倫琴。

- 在學成績不好者：科學家牛頓。
- 全班成績最差：發明家愛迪生。
- 上課做白日夢：畫家高更。
- 冥頑不靈：發明家瓦特、政治家邱吉爾。
- 心智遲頓者：理論科學家愛因斯坦。

從許多研究報告顯示，在學成績與一個人是否成功其關聯性並不大。也就是說，學業成績好的人，未必將來就能成功；學業成績差的人，將來未必就無所成就。決定生活與事業成功的因素，在於人格所綻放出來的創意意志和精神力。

什麼叫做精神力量呢？做一個盡責的父母，究竟應該教給孩子什麼呢？我想最重要的就是從愛開始，教給孩子愛心、啓發他的思考、引發樂觀進取的態度和培養熱心與毅力。本篇將針對這些精神力量的培養，提出具體的觀念和建議。

3 陶冶孩子的愛心

你一定很期望自己的孩子將來有安全感，情緒穩定，有和諧的人際關係以及融洽的家庭生活。如果是，你一定要及早教給孩子愛心，培養其愛人的能力，學習以愛待人處世。這樣才能使他真正成為社會的一分子，有歸屬感和責任感。

愛是孩子們的天性。只要你留意，一定不難發現他們在日常生活中，隨時隨地都流露著關懷別人，同情弱者，幫助需要幫助的人。他們不但愛人，而且期待別人的愛和關注。他們最高興的事就是互愛。我相信人類的天性之一就是愛，最珍貴的感受就是互愛。

愛固然是孩子們本有的天性，但若不加以引發與教導，就不能發展為成熟或有能力的愛，以致成為只能維持短暫時間的狂歡，來得快去得快，或者緊緊地與欲望結合在一起，而成為剝奪或占有。

事實上，愛的本質不是占有而是給予；是奉獻而非剝奪；是互相包容尊重，而非控制與支配；它是在永恆的時空中，表現出來最真誠，最純美的溝通關係。有了它，孩子的真誠天性就得到鼓舞；缺乏它，孩子就陷於不安和孤立。它能將一個人的人生點綴得光彩奪目，也能給人一種無限光明的前程和希望。

有愛心的孩子不會孤獨，不會徬徨和寂寞。他們感受性高、適應能力強、踏實、肯上進，親子間的關係也比較和睦。

愛，從彼此間的共鳴而引發，因此在教導上，最有效的方法是父母自己的身教。只要孩子每天感受到被愛，就能喚起愛的潛在天性。請注意！真誠地關注孩子，愛孩子，必然能喚起親子間的互愛。換言之，當父母親的愛能喚起孩子的共鳴時，才是真愛，才是有能力的愛。如果父母親施愛給孩子的結果，造成孩子的反叛和憎惡，那麼你所給予的愛，一定是有缺陷的或無能的愛。

道德學家或倫理學家都認為愛是絕對的，是人性的最高表現。父母親的愛也是絕對珍貴。但是心理學家的看法不同，他們認為愛有其一定的品質，如果不檢討這些品質，愛就會失去它的光輝，失去它春風化雨的力量。我認為有能力或健康的愛，必須具備下例幾個條件：

1. 隨時關心孩子的成長和身心發展的狀況與需要。
2. 尊重孩子的個性，維護他的自尊和榮譽感。
3. 基於關愛所給予孩子的種種幫助或作為，必須考慮到結果是否有正面的意義。
4. 你必須基於正確的知識，確實了解孩子之後，才給予正確的引導與協助。

以上這幾個要件，是我根據心理分析學家弗洛姆（Erich Fromm）的理論引申而來的。父母如果能根據這些要件去施愛，就是一種能引發互愛、有能力的愛。

關心孩子的成長

關心孩子的成長和發展，就是提供他們心智成長所需要的環境和機會。每個孩子的性向、興趣、經驗、天賦和成長速度不同，所需要的幫助也不一樣。每個孩子都是獨特的個人，必須根據他的需要適當地給予關心，給予信心，給予照顧和溫暖。不過，無論你用什麼方法教導他，照顧他，啟發他，你必須讓孩子感受到你在關心他，接受他，了解他，支持他；對他的感情和思想，做親密的肯定和支持。如果在這方面失敗了，對孩子而言，愛就成為支配和控制。

孩子需要你關心他的願望，但不希望你支配他的願望；需要你了解他的困難，但並不希望你做太多的干預；需要你的同情和支持，但並不希望你責備和凌辱；他也期待你的協助，但不希望你替他做抉擇；需要你的指導，但無法接受你嚴格的管教和訓練。

天下沒有一位父母親不關心自己的孩子，卻有很多父母做出錯誤的關心；替孩子決定前途，強迫孩子做他不想做的事，結果總是弄巧成拙。

真正的關心是在溝通的行為中表達出來。父母給孩子一個親撫，孩子報以微笑。父母坐著傾聽孩子的心聲，孩子覺得受重視。你用溫愛的語言對孩子說話，他的創傷得到治癒。你以諒解和寬容對待他的疏忽和過失，孩子才知道父母的關心。你懂得鼓勵孩子說出心中的喜悅、傷感、恐懼、失望和愛，分享他們的感受，參與處理生活問題，就是真正的關心。但是，大部分的孩子向父母吐露心中的困惑和消沉時，父母卻責怪他無病呻吟，胡思亂想，最後孩子發生情緒上的症狀時，父母親反而責怪他「為什麼不早告訴我們?!」

有一位父親告訴我，由於工作忙碌，除了星期假日偶爾陪孩子出去玩外，親子間很少講話，更沒有所謂親密的溝通。孩子們平常也表現得文靜乖巧。但是到了國小畢業的暑假，孩子卻犯了偷竊而被捕。後來，孩子對輔導人員說，他並不缺什麼東西，只是忍不住要去偷。我想這就是潛意識裡，想要以偷的方式找回父母親的關愛，要不然就是想藉著偷來報復父母親的不關心。

孩子得到充分的關心，就能順利的成長。但是充分的關心，絕非等於無微不至的照顧，太多的照顧是溺愛，是剝奪孩子成長的機會，而不是真正的關愛。

對孩子的關心，不是在生日那天買許多禮物給他，而是平常的安慰、了解、同情和互助。父母親最忌諱用物質來彌補自己未能關愛孩子的內疚，那更容易陷入雙重的損害：一方面得不到真正的關愛，一方面養成了物欲的高漲。你希望能有效地關心孩子嗎？原則是：

1.無論多忙，一定要抽出時間來跟孩子談天，從溝通中建立感情，維持親密。

2.透過語言、動作和姿勢，告訴孩子你愛他們。

3.對孩子的良好表現予以讚美，對他們的錯誤不作輕侮。

4.必須對孩子心智的成長隨時保持注意，了解他的需要，並予以協助和報導。最好的教導方法是：跟孩子一起學習。

5.要有機會讓孩子了解你的困難，讓他們有機會幫助你。這是親子間親密和互相關愛的起點行為。

6.讓孩子感覺到受你重視，同時你要信任孩子，在可能範圍內允許他自由發展。

對孩子的愛，必須投入時間和心血。親子間愛的培養是在互愛中建立。愛不是現成的歡喜，而是長時間親密和溝通的產物。孩子獲得的愛愈多，人格發展愈健全。佛洛伊德（Sigmund Freud）說：「要想孩子將來成為巨人，就得給他豐足的愛。」

尊重孩子的個性

愛是在尊重對方的條件下，給予關心、指導和照顧。父母親必須依照孩子的個性、興趣、性向、天賦及特有的身心發展狀況教導孩子。

每個孩子的個性都不相同，必須把他當作獨特的個人來教導，才會有好的結果。千萬不要拿自己的孩子跟別人比較，因為那會造成錯覺和迷失，使孩子失去可貴的自我肯定態度。這樣不但容易否定自己的判斷能力和潛能，而且也會抑制自己的創造潛能。

尊重孩子並非對孩子的要求百依百順，而是依照孩子的個別需要和條件，給予適當的啟發和教導。比如說，許多父母親強迫不適合繼續升學的孩子去補習，一連幾年的重考和失敗的打擊，不但浪費了孩子的青春，未能學會生活所必須的技能和知識，反而影響其身心健康。時下有許多青年，是為了父母親而在升學線上掙扎，過著茫然徬徨的日子。

尊重也是父母管教孩子的一種方法與態度。父母親教導孩子，由於求好心切，往往失去耐性，在不自覺中，苛責、辱罵孩子，甚至以嚴重貶損自尊的話侮辱他們。許多父母親幾乎整天在罵小孩，這些受凌辱的孩子當然在情緒發展上會有不良影響。孩子們在長期的辱罵和訓斥下，得不到尊重，得不到溫暖和愛，於是投入不良青少年團體。因為那兒可以給他一些自尊和受重視的滿足，從此與他們為伍，同進同出，鋌而走險。許多人認為那是青年的一種反叛，其實是為了追求受尊重的心理需求所致。所以，當父母親不能給予孩子自尊和自重時，孩子會付出很大的代價從別的地方獲得滿足，那時就很難挽回了。

父母親對孩子的談話品質，決定於是否基於尊重的立場。父母親如果時時保持冷靜的態度，像對待自己的朋友一樣對孩子說話，就能保持相當的理性，而且可以有效地溝通和解決問題。父母的心中有一個理智的「成人」，孩子的心中也有一個講理的「成人」。溝通的時候，一定要用你的「成人」去跟孩子的「成人」接觸。這樣的交流溝通，才能引發孩子心中「成人」功能的不斷成長。

親子之間一定會有不同的意見。竟見不同並沒有什麼不好或不對。你現在希望孩子對你百依百順，將來一定要罵他沒有出息，沒有主見，對別人的說詞不加考慮，言聽計從。孩子有自己的意見，實際上是好事。

孩子的意見若與父母親的意思相左，必須加以疏導、溝通。不過，在容許的範圍，不妨尊重孩子的意見。父母親如果一意孤行，經常否定孩子的意見，批評得一文不值，不需多久，孩子們就不願意把真相告訴你。那就是教導上的最大陷阱。

有一位母親告訴我說，她的孩子到國小畢業為止，一直非常聽話，從來不對父母親的意思打過折扣。但是國中一年級還沒有讀完，不但不聽話，脾氣暴躁，而且功課退步。我從這位母親的言談中，發現她很忽視孩子的自尊，凌辱與說教的責備，使孩子無法接受，阻礙溝通的管道。這種親子關係很像斷了線的風箏，母親已經失去控制孩子的線索。

孩子在進入國中時，在功課和生活上需要一些特別的適應，這是很自然的事。父母親能以尊重的言談，表達同情，予以協助和支持，孩子很快就會轉敗為勝。如果以非難與責備待之，孩子就會暴躁頑劣起來。

孩子的身心發展速度很快，難免有許多適應上的困難。他們對食、衣、住、行的適應，都需要不斷的調整，特別是他們的意識和價值觀念，更是變化起伏，加之生理上的成長與發展，更使他們多愁善感。這時，如果不給予尊重性的愛護，則難以進行有效的教導。父母懂得尊重孩子，才能帶動一個有效的教導。怎麼培養親子間的愛呢？我的建議是：

1. 每個孩子都有他的特長和優點，你要發現它，鼓勵它，呵護它。孩子從其優點中能學得更多優點。

2. 不要把孩子理想化。他是一個人，但不會是一個完人。予以理想化的結果，往往造成父母的失望，增強父母對孩子的責備。

3. 注意聆聽孩子的話。孩子喜歡跟尊重他的人討論自己的隱私，掌握這個原則，就能掌握教導孩子的契機。

4. 父母的職責是幫助孩子處理問題，而不是給他答案。孩子必須做的事或必須學習的東西，避免強迫性命令，而要透過鼓勵和誘導的方式，使孩子立於自動或主動的地位。

5. 從評價的觀點讚美或批評孩子容易傷及孩子的自尊；針對事實的本身，給予讚美或建議，反易獲得真正的讚賞效果。

尊重孩子可以幫助孩子建立信心和安全感，有助於人格的健全發展。另一方面，尊重孩子也能培養他尊重別人的習慣和獨立思考的能力。孩子能尊重別人，就能夠愛人，就能與別人和諧相處，特別是在民主的社會裡，它是個人立身處世的重要力量，是良好人際關係的根源。

為孩子的成長負責

父母親的天職是照顧並引導孩子成長。因此，他所給予的教導和關愛，必須能引發孩子不斷的進步與發展。否則，他們的愛就是無能的愛。負責是指，父母親隨時隨地對孩子的需要給予適當的協助。

負責的反面就是冷漠。冷漠的父母不可能以實際行動關懷孩子的成長與進步。他們的愛充其量只是一種占有，或享受孩子所能給予的快慰。愛必須超越人與人之間的隔閡，共同享受內心深處的感受，一起體驗成功的喜悅和失敗的悲傷，彼此相互接納和鼓舞，滋潤性靈的成長和愛的胸襟。

冷漠表示不能回應孩子的需要，當然對孩子也就缺乏興趣，親子之間的距離於是加大。一個人連自己的孩子都不感興趣，我想他也不可能對別人感到真正的興趣。為了克服冷漠，培養自己的責任感，以便激發孩子的心智，父母親必須用意志主宰自己的生活，實踐自己的責任。心理分析學家羅洛·梅（Rollo May）指出，冷漠使我們失去愛，並造成意志的混亂，演變成人與人之間的孤立感和暴力。缺乏負責的父母，必然培養不出負責的子女。

負責的父母，隨時都在發現孩子的需要，給予適當的協助。孩子的需要，就心理上和生理上看，都代表著成長的動力，只要你及時發現，做適當的誘導，孩子便開始成長。

什麼叫做孩子的需要呢？這很明顯，無論在生理或心理方面，只要孩子面臨的問題或必須解決的問題都是需要。例如孩子的功課趕不上，一定有其原因，他有被幫助的需要。父母親如果能夠協助他找出問題的癥結，幫助他解決問題，這便是負責。反之，如果父母親只是一味的責備和提出更多不合理（如考更好的成績）的要求，而不予幫助，就不能稱為負責。

父母親最忌諱的管教態度是坐享其成，把孩子的進步和好學視為應當。成績好，行為乖巧，就得意高興；成績不佳或稍有差錯，就批評責罵，暴跳如雷。這種作法不但無法引發孩子不斷實現其潛能，而且也使孩子感染了冷漠的性格。

父母親必須隨時注意孩子的學習情形，查閱他的作業，鼓勵他學習，改正他的錯誤，啟發他的思考。同時也留意孩子的心理發展，給予安慰和歡樂，分享其樂趣和感受，並透過談話、親暱、體恤、同情，使孩子的人格得以健全發展。

負責必須由父母直接承擔和給予，別人無法取代父母的責任。你帶孩子出去郊遊，看到他們亂丟果皮、紙屑，如果你不負責糾正，孩子就不容易建立維持公共清潔的習慣。又譬如說，你為孩子花錢請家庭老師，如果自己不去關心和參與，孩子未必就有興趣學習。

負責的關愛是引發孩子主動、自治和自制的最佳策略，建議幾項原則：

1. 要懂得觀察和傾聽孩子的言行，了解他們，在需要時即刻給予回應或指導。

2. 父母的責任是給予孩子愛、支持和嘗試學習的機會。父母的角色是當一位熱心的輔導者，把東西呈現在孩子面前，顯示它的趣味，讓孩子自己去嘗試。

3. 你給予孩子的愛和協助，必須能喚起孩子的回應，這種回應是孩子成長所發出的愛。

4. 你不要把孩子抓得死死，變成你的一部分。強迫孩子接受自己的處事方法和價值觀，對孩子的心智發展並無益處。

5. 父母親必須引導孩子發現自己的優點，欣賞他的成長，支持孩子發展成熟的自我觀念。

世上沒有不愛子女的父母，但是愛的給予必須注意到它在孩子身心上所發生的後果。溺愛造成孩子的散漫，錯誤的關懷導致孩子的反抗和成長上的負面影響。父母親能時時注意到愛與責任，孩子就會成為一個具有良好適應力的人。

了解你的孩子

愛建立在彼此的了解和體諒上。父母對子女的愛，如果不是透過感受性去了解孩子的情感，便很難表達真正的關愛。沒有了解的愛，往往是一種盲目的愛或是錯誤的愛。比如說，孩子的成績退步，可能是因為得不到父母的關心，而無心念書所致。父母親為他的功課能趕上別人，請來家庭教師予以補習，結果不但成績沒有進步，反而因壓力增加而逃避念書。

許多父母不了解孩子的能力和興趣，一味愛子心切，硬要孩子學習各種才藝，例如參加嚴格訓練的音樂課程，接受看來乏味無趣的心算訓練。到頭來，孩子不但更提不起興趣，反而在學習態度上產生嚴重的消極反應。

孩子們不但興趣和能力彼此不同，甚至在學習的方式、情感和情緒上的需要都不一樣。父母親如果不了解他們，當然很難有效的教導。我常常聽見許多父母親說：「他需要什麼，我就給他什麼，可是孩子們還是不領情，不自愛，枉費了我一番苦心。」對的，如果你不了解孩子真正需要的是什麼，一切關愛和協助，都是枉費心機。

了解孩子要有耐性，要願意花較多時間跟他們相處。當然父母也必須有較好的感受性。感受性要從你經常觀察孩子，多多跟他接觸和交談中培養出來。

另一方面，被了解是孩子們的一種心理需求。被了解或被接納的需求，不止對孩子重要，對大人同樣重要。因為它是安全感和自我肯定的來源。父母親對待孩子的態度，無論你是責備他或讚美他，是鼓勵他或堅持生活上的規律，都必須接納他的情感。情感上的接納，使孩子深深感受到你能了解他，而使他感受到溫暖和安全感。

在日常生活中，你一定要留點機會讓孩子伸展自己的自尊，這樣最能表示你了解孩子。比如說，你能以微笑的表情，傾聽孩子表示他對家事的意見，如果他的意見尚可取，不妨採納。孩子的自尊得到維護，就能產生榮譽感，就能夠自治和自制。

許多父母親向來不讓孩子伸展其自尊，孩子的自我意識漸漸被抑制，甚至扭曲變形，而成為乖戾的反抗行為。頑冥不化的孩子不是天生的，是因為我們未能給他伸展自我的機會，日子久了，他以另一種方式表現罷了。

了解孩子並不是要揭發他的隱私。隱私不宜說穿，因為它會因孩子一時的難堪，造成親子之間的僵持，甚或導致孩子說謊。當然，有些隱藏在孩子心中的事，必須加以指導，但是無論透過討論或明示，仍以不直接揭穿為宜。

了解孩子，需要心理學上的知識；表達對孩子的了解，則透過父母的雅量和寬容。以下是幾個了解孩子的原則：

1.父母應該了解自己孩子在學校所做的各項心理測驗，並請教老師。

2.孩子往往在平常的言行、日記、週記、作文和造句中，表達他的心聲，那是你了解他和幫助他的線索。

3.多跟孩子交談，多觀察，多參與學校舉辦的教學參觀、親職教育座談或班親會。在無形中了解孩子，而不是以盤問的方式了解孩子。

4.了解孩子的情況之後，如需要矯正，不宜急躁，操之過急反而有害。如果你不知道該怎麼處理，不妨請教專家。

5.了解孩子不是要父母親當偵探，而是將心比心的接納和共鳴。

父母的愛不是自己對子女期望的延伸，而是對子女的關懷、尊重與協助，並透過真正的了解給予關愛，而負起對子女心智成長的責任。這樣的愛是有生機的，有朝氣的，它真正表示了溫柔和慈愛。

在愛的家庭中成長的孩子，有健康的愛心，有較好的安全感，心智發展比較成熟。有愛心的孩子將來才能享有幸福成功的生活。

你愛孩子，孩子就會自愛愛人，當然他也會愛你。孩子學會愛心，保持愛心，就會像太陽一樣，永遠保持光明和溫暖。怎樣扶植你的孩子成為有愛心的人呢？很簡單，第一你要讓你的孩子每天都接觸到有愛心的人——你自己。其次，父母親一定要彼此和睦相愛，父母親能夠親密互愛，手牽著手同行，孩子也一定能與別人把臂同行，將來也會擁有幸福的婚姻生活。

愛是一個人最重要的精神力量，它是一種能力，是一種健康的心志。接受父母之愛的孩子，就是有愛心的孩子，他必定有能力過成功幸福的生活，有能力把事情處理得圓滿，而且具有關懷自己和別人的能力。

4 培養做事和思考的習慣

孩子是在日常生活中學習思考和解決問題的能力，為將來的成人生活奠定基礎。因此，孩童時代愈多機會學習處事，心智發展也就愈健全。愈早學習如何解決問題，其為人處世愈有好的表現。因此在做事當中養成正確的思考習慣和方法，是心智發展的最佳捷徑。

父母要避免剝奪孩子們思考和解決問題的機會，越俎代庖替孩子處理問題或過度的溺愛，將造成養尊處優的態度。相反地，要提供孩子許多練習和嘗試的機會，允許他們去試探，讓他們做一些能力所及的工作或家事，並在旁加以鼓勵、指導和協助。

做事的習慣

當前的社會，由於生活水準的提高，幾乎大部分的孩子都受到過分的寵愛。孩子們普遍不做家事，不分擔家庭的工作，動手做事的習慣未能培養起來。加以玩具獲得容易，無需製作，便能輕易得到。因此，養成了玩樂和享受的習慣，缺乏思考和解決問題的能力。這麼一來，也相對地提高欲望的水準，造成坐享其成的習性。這個習性在孩子的人生旅程上種下嚴重的錯誤，因為他的工作勁兒和創造力開始受到抑制，積極的思想和態度也就不容易發揮出來。

美國哈佛大學曾經追蹤研究一組青少年達數十年，發現童年在兼職工作、負責家務、課外活動及解決問題等方面做得較多的人，比做得較少的人，其成年後的情況明顯的優異。他們交遊廣闊的可能性高一倍，獲高薪工作可能性大四倍，失業可能性則小十五倍。此外，他們也比較樂觀而有充實感。另一方面，童年工作較少的一些人，則犯罪被捕可能性很高，精神不健全可能性大十倍，未成年就死亡的可能性大六倍。他們的研究又發現，智商、教育程度、家庭的社會和經濟階級，對那些追蹤的青少年後來的情況，沒有多大影響。

我們必須注意一個現象，經濟生活方式的改變和工業科技的不斷提升，已造成社會加速變遷。人們要想有良好的生活適應力，就必須提早訓練，而最好的訓練方式，就是指導孩子多做事。倘若我們對孩子的心志與精神不做有效的教導和啟發，他們長大成人後，就要面臨許多困擾。這個問題如果沒有得到普遍的重視，社會上會出現各種失調現象，其輕微的程度可造成擾攘不安，嚴重的話，就是一場劫難。我想，這個問題正是我們所面臨的重大挑戰。

培養子女做事和解決問題的能力，是我們能給予子女最寶貴的財富。因此父母親必須教導子女從日常生活中學習它，而且要愈早愈好。

學習思考

其次父母要教導孩子思考，因為思考是一個人待人處世能力的基礎，是一種精神活動的現象。思考不是天生的，而是後天學習的。根據塔巴（H. Taba）的解釋：思考是一個人處理資料的過程，它把接觸到的種種事物加以歸納整理，並做類推，從而對新的問題做預測和解釋，並提出處理的方法。孩子必須在日常生活中注意學習如何觀察並蒐集資料，練習組織所蒐集的資料並加以處理、推論和印證。父母如果能隨時對孩子的思考過程加以指導，他的思考習慣和方法就會培養起來。

我們必須注意，思考活動是應用符號在腦神經系統裡運作進行。思考上應用最多的符號是語言文字。更具體的說，孩子們的思考，是應用文字符號的邏輯處理所接觸的事物。

現在我們來解釋語言文字和思考之間的關係。比如說，當你抱著牙牙學語的孩子觀賞一朵花，你指著花說那是「一朵花」，這時「一朵花」的語詞與花的形象發生聯結。如果重複說幾次，孩子聽到「一朵花」這個聲音，腦子裡就會浮現一朵花的影像。這就是記憶，是孩子們賴以不斷學習解決問題的基本運作。

許多人對孩子的教導，往往停留在這個記憶的階段，未做深一層次的啟發與指導。例如一朵花的性質很多，包括形狀、顏色、香味等等，如果不從分辨與歸納中教孩子思考，他的學習活動就沒有機會從記憶提升到對事物之分辨、整理與分析。

人本來就有思考的潛能。父母親不教孩子思考和處理所接觸的事物，他也能從記憶、認識、分辨和整理中自行學會思考。但是在這個知識爆炸的社會裡，如果一切由他自己去嘗試摸索，他在整個求學過程中，很可能會落後。

透過對日常生活事物的分辨、歸納和整理分析，孩子的思考能力開始進步，處理資料的方式和過程愈來愈精細熟練，愈來愈合邏輯。這就是一個人的智力發展過程。我發現許多孩子在學校裡的功課不及別人，不是由於天賦不如別人，而是思考能力缺乏有效的教導。

我們給國小三年級的孩子出一個寫作題目「公共汽車」。這需要一些自由聯想與資料整理的思考過程。但總有許多孩子，想不出可寫的內容，或者無法有效地歸納，做有系統的表達，寫上兩三句話就草草結束了。你知道這是什麼原因嗎？大部分的孩子是平常缺乏蒐集分析資料，缺乏使用語文正確表達觀念的訓練。

日常生活中的對話，往往是訓練孩子思考的最好機會。你可以教孩子認識事物，了解並做分析，更可以讓孩子透過語言的表達，說出思想的結論。這時，正確的部分你要肯定它，讚美它；不正確的部分，則予以適當的更正。

語言的表達是日常生活的一部分，父母親一定要教會孩子使用正確的語言，表達正確的觀念，因為它是思考的一部分。許多父母親疏忽了這一點，孩子們的話說得不完整，不合邏輯，顛三倒四，甚至語彙不夠，無法說出完整的觀念，均未及時補救。長久下來，孩子的思考發展不免受到影響。我發現許多孩子在國民小學五、六年級時，數學成績一落千丈，是因為他應用文字符號進行推理的能力無法跟上教材的程度所致。

我建議父母親要多讓孩子談話，把所要表達的觀念和法則說得清清楚楚，孩子遇有表達不清楚時，要及時補救。另一方面，要找一些通俗有趣的故事和童話，多念給孩子聽，並討論其中的情節。孩子們的腦子像是一部錄音錄影機，你若注意教他語言和思考，讓他聆聽好的作品故事，討論故事的情節，他們的分析能力、思考和表達，一定有驚人的進步。

美國教育心理學家甘尼（R. M. Gagne）把智能和層次分為：分辨↓具體觀念↓定義觀念↓原理↓處理問題的理則。他從研究中發現，孩子們處理問題的能力，是從「分辨」中開始演化而來。孩子從分辨狗和貓的不同，而獲得兩種動物的大略具體觀念，進而對兩種動物加以界說，而形成定義觀念。再由貓和狗的習性中的差異理出一些原則，進而演繹成飼養貓和狗兩種寵物的方法。

孩子的智能是在處理日常事物中，完成語文符號的推理能力。因此讓他們分擔一些能力所能及的家事或工作，對其心智與精神的成長，具有正面的促進效果。孩子在工作中不但學習做事的方法和良好的工作態度，同時也學會了動作協調的靈巧，空間關係的能力，並促進思考的能力。有變化的家事、工作、手藝和勞作，對孩子具有很大的啟發作用。因為它不斷對孩子提出問題，不斷向孩子做生動的啟發和挑戰。

父母親在教導孩子們思考問題和解決問題時，必須注意孩子的興趣，興趣必須建立在「意義學習」上頭。什麼叫意義學習呢？心理學家羅吉斯（Carl R. Rogers）認為，孩子一旦發現學習的東西符合自己的意向或需要，就會產生密切相關的感覺，而產生主動的態度和積極的興趣。在這種環境下，孩子感受到他正在主動探索，有趣味，從而發生專注與求知的意圖。

父母親應努力試圖把學校的課業與日常生活結合在一起，把知識帶到日常生活中加以運用和探索，可以使孩子學到更有用的智慧，而不只是對知識的記誦。

國民小學階段的課業，無論是國語、數學、健康教育、社會或自然，都與生活經驗息息相關。把這些知識用來處理日常生活的事，孩子的心智就很順利的成長。因此，你千萬不要誤導孩子只知「念書」，而疏忽教導他們處理日常生活的種種問題。

鼓勵孩子主動處理問題，最能引發其「發現學習」（discovery learning）的效果。

根據布魯納的研究發現，它具有下列幾種效果：

1. 可以增進孩子學習相關知識的能力。
2. 增進孩子的學習興趣和自發自動。
3. 引發孩子提出策略以解決問題。
4. 增進記憶、回憶及組織所學的知識。

孩子們天生愛做事，小小年紀問東問西，喜歡幫助大人做事。但由於他們拙於處理事務，父母經常澆他冷水，打擊興趣，甚至不讓孩子參與家事。這樣一來，孩子先天的好奇心、試探心和處理事務的能力，都會受到嚴重的抑制。

從生活中磨練

父母親對孩子拙於處理的問題，必須做適當的指導，而不是越俎代庖。教導的關鍵不是給予答案，或替他完成工作，而是經過指導後，把問題留給孩子去思考，去解決。

要想孩子有個精明能幹的頭腦和處世能力，就必須從小在日常生活中，就做人做事和思考等方面多加磨練。我有一位朋友，他在家庭、朋友和事業上都非常成功。在一次聚會裡，他說出他成功的秘密。他小的時候，父母親教他做很多家事和工作，每遇成功得意或失敗沮喪時，便教他在那件事情中，尋找有價值的經驗。他母親常對他說：「生活沒有白過的道理，明眼人總要涉足湍流，順便撿拾幾件大自然給他的美麗珍玩。」

孩子最容易在日常的思考和處理事務中，學會一生受惠無窮的能力。我這位朋友就是在處理生活事務上，不斷體會學習，不斷磨練自己的思考。

教孩子從生活與工作經驗中不斷學習，是一件重要的磨練。但要做得好並不是那麼容易，現在我提出三個指導孩子生活與工作的方法：

1.要告訴孩子做一件事的理由，引導他想一想，認識清楚。做完之後，應冷靜的做一次討論與檢討。

2.要孩子想像一下工作完成時的情景，它將會帶來快樂和滿足（父母親對孩子完成工作時，要予以讚許）。

3.教他把工作分成幾個步驟或幾個部分完成。如果有兩個孩子以上，一定要教他們如何分工。

讓孩子做事，自行解決生活上的一些問題，可以培養他的安全感。許多家庭清苦的孩子，環境逼得他們不得不自己燒飯、操作家務、照料嬰兒。剛過十歲也許就要學習打工，做點零活以貼補家用。像這樣的孩子，如果照上項原則加以指導，他們就會發展成自立自重，能負責、有擔當的好青年。

不勞而獲給予孩子太多享受，他們不但得不到啟發和訓練，而且造成多慾和貪婪。今天，有許多家庭正遭遇到這樣的難題。

現在父母親的另一難題是，不能堅持孩子應該做的事情。養成孩子們高興就做，不高興就不做的散漫態度，那是生活無能與精神渙散的開始。我建議父母親一定要堅定地表示，孩子要把工作做完。

根據一項心理輔導上的統計發現，引起精神及情緒不穩定、失敗及自卑感最普遍的原因，是讓孩子僅憑個人好惡，而不按照原則行事。孩子拒做不喜歡的事，便無法獲得才幹和自信。

接受生活磨練的孩子，將來要比別人精明強幹，處世比較圓融，具有成功者的素質。孟子說：「天將降大任於斯人也，必先苦其心志，勞其筋骨，餓其體膚，空乏其身，行拂亂其所為，所以動心忍性，增益其所不能。」就心理學觀點看，確有其深遠的意義。

父母之愛不止表現於照顧孩子生活起居和提供受學校教育的機會，它還表現於對孩子接受教導性磨練的堅持。兩者之中，父母對後者似乎要比前者更需要付出耐心和勇氣。

5 引導孩子樂觀進取

如果你希望孩子能積極進取，你必須先教他樂觀，因為樂觀是向前進步和開拓新機運的動力。如果你希望孩子身心健康，有好的適應能力，你也必須陶冶他樂觀，因為樂觀能應付挫折，排遣心理的憂鬱和緊張。樂觀雖然不是做事所必須的能力，但樂觀卻能使一個人發揮所長，積極進取，保持著良好的心智狀況，去過創造性生活。

要引導孩子向上，最好的方法是使他開心。孩子的心情愈好，愈充實，所表現出的防衛性行為也愈少。孩子們最常見的防衛性行為包括撒謊、鬧彆扭、惹是生非、畏縮、抗拒、攻擊等行為。這些行為一旦牢固成習，孩子就容易以消極性的態度待人處世。

歡樂童年是心理健康之源

在教育上最被誤解的觀念之一，就是給孩子開心和歡樂。許多人認為讓孩子歡喜和開心，就會誤導他們耽於逸樂，不務正事。古人說：「業精於勤，荒於嬉。」尋求逸樂使孩子四體不勤，或者群居終日言不及義。持這種看法的父母，總是在孩子們玩得歡欣鼓舞，神馳入迷之際，出現干涉。他們憤怒責備孩子說：「你這沒有出息的傢伙，一天到晚只知玩樂，一點正經事也不幹！」然後，嚴令他們讀書或做家事。孩子們這時候總是很掃興地停止他們的歡笑。這種情形如果一再出現，孩子的未來心理生活，必然蒙上一層陰影。

我常常發現父母親自己為了家事或事業而心煩氣躁，遇到孩子們歡欣逗樂，或大伙兒玩得一身髒汗時，父母親會驟然發怒，臭罵一頓，甚至給他兩記耳光。孩子們經常處於不安的風暴下，慢慢失去歡樂，心情免不了鬱悶不安。將來長大成人，心理健康多少會受到影響。

我的意思不是要你縱容孩子嬉戲玩樂，而是要你給予孩子歡樂和開心的心情。請注意！孩子玩得開心，對身心發展有益。不過，為了避免玩耍太久，你不妨告訴他說

：「再過五分鐘，請你來幫忙我做家事，我現在需要你的幫助。」這樣，不但保持孩子的快樂，而且培養了孩子的責任感。

孩子們是在歡悅和群體活動與玩耍中學習人際關係，學習如何處理彼此之間的糾紛，領會別人對自己的感受，發現別人的優點，改進自己的缺點。同時在和諧開心的活動中，學會團體的規律和道德行為。父母親一方面要從孩子的歡樂聲中了解他的心智成長，決定給予什麼協助，另一方面，要給他一些工作和學習上的指導，孩子也就順著歡樂與開心的情緒，循序學習，並保持親子間的良好關係。

童年時代歡樂與開心的情緒經驗，是成年心理健康的主要來源。從許多心理學研究報告看出，沒有歡樂的童年，就沒有快樂的成年。

人類歡樂意識的發展起於童年。孩子在出生以後的幾年中，由於處處需要照顧，而成人又因為照顧和教導而建立了無上的權威，因此，在幼小的心靈裡，發展出來一種基本的自卑心理。孩子具有一種發展性的悲傷情結，如果這種悲傷情結是因為疏於提供歡樂的經驗以紓解其悲鬱，建立自信心，那麼孩子成長之後，就缺乏超越自卑的活力，而陷於嚴重的退縮和畏怯。另一方面，有些父母管理孩子過於嚴格，經常壓抑孩子的情緒，經由嚴格管教，使孩子的情緒經驗演變成一種「別人可惡，自己又快活不起來的意識」。這時，孩子就會走向敵意、頑劣和暴力的傾向。

我們要給孩子一些歡樂，正是要紓解發展性的悲鬱，讓他克服這段情緒困境，把活潑、主動和積極性引發出來。活力就是生命力，沒有經過歡樂洗禮的孩子，不容易有快活達觀的人生，也不容易有積極進取的生活態度。

生活在工業社會裡，不但每天生活緊張，工作與生活都處於激烈的競爭情況下，如果缺乏樂觀的心境，就不容易有奮發向上的意志與活力。無論在生活與事業上，終將淪為不良適應，而成為一個失敗者。

在我的輔導經驗中，許多心理生活上的不適應，都源自童年缺乏歡樂。許多年輕人，他們有好的學識，有正常的職業和固定的收入，但總是不快樂和消極。有一天，一位大學甫畢業的青年找我談話，他第一句話就說：「我覺得我的一生沒有什麼希望。」看他愁眉不展的面容，和消沉的語調，我已判斷出他所缺乏的就是歡樂和喜悅的經驗。

就孩子的心智成長而言，我發現他們並不怕工作，不畏辛勞，只怕失去歡樂。所以無論功課多重，在家裡需要操作多少家務，只要父母親能給予精神上的支持，讓他體會到歡樂和安全感，孩子一定有良好的適應和成長。家境清寒的孩子，他們為了生活和求學，必須付出比一般人更多的努力，如果父母親能給他溫暖和支持，他們的積極思想和樂觀進取的態度，一點也不遜於別人。

樂觀的人總是認為自己命運不錯，即使有些挫折，他還是深信自己能夠扭轉頹勢，時來自然會運轉。繼續努力下去，他們相信自己有能力改善現況，即使處於不幸，他們還是認為能以堅忍克服不幸。這樣的生活態度，許多心理輔導工作者都認為，與童年的快樂經驗有關，特別是父母的適當關愛和樂觀的態度。

以下我們來介紹一些如何教導孩子樂觀的法則。

樂觀的身教

你若想培育孩子樂觀進取的生活態度，首先你必須就是一個具有樂觀性格和風趣十足的人。因為孩子受父母親的照顧最多，產生一種依順認同的反應，在不知不覺中模仿吸收父母親的行為特質。這種認同不但吸收父母親樂觀的笑容或愁容滿面的失落，也同時吸收了樂觀或悲觀的思想、價值判斷。倘使父母親經常哀聲嘆氣，疲憊不堪，遇事專挑不如意的地方鑽牛角尖，經常從消極的觀點評論事物，孩子薰染日久，其舉止也表現出憂心如焚，多愁善感，在日常生活中總是帶著無病呻吟的悲切。

心情沮喪，時常表現後悔內疚的人，往往看不慣孩子天真爛漫、心情愉快的舉措。他們常常錯把孩子本有的樂觀當膚淺，把自信與活潑看成魯莽，經常加以指責，時日既久，孩子也養成了悲觀的態度。

父母親必須注意，樂觀雖然只是人生旅途的氣氛，而非目的，但是沒有樂觀，即使達成某些目的，也是徒然。樂觀是人生旅途中所散發出來的芬芳氣息，這些氣息使你的人生散發著亮麗與光明，而且只要你有心享受它，就一定可以辦得到。父母親為了樹立子女學習樂觀的典範，應就以下各方面加以注意：

1.你自己必須時時充滿自信，笑顏常開，不要在孩子面前顯露出沮喪和無助的言行。

2.少用貶損信心的批評。批評愈多，孩子愈失去其自信和樂觀。多鼓勵孩子，孩子的優點自然湧現出來。

3.經常跟孩子一起歌唱，一起享受一件事情的喜悅層面。從積極面看事件，天下無一事不具啟發價值。

4.孩子遇有錯誤或失敗，應教他如何處理，而不是教他惋惜其損失。

5.讓孩子有機會參與協助別人，享受助人的快樂。

6.安排孩子獲得成功的機會，成功能帶給孩子莫大的信心和自我肯定的機會。

樂觀的態度是一種習慣。父母親樂觀，自然能夠以積極的態度對待孩子；同樣的，孩子在父母的薰染下，也變得樂觀進取。在我的輔導與教學經驗中，我發現，學生的樂觀性格與父母親的教養方式有密切的關係。

有一位朋友，他待人和藹，做事認真，經常保持開朗和喜悅的心情。他的事業發展順利，家庭生活充滿樂趣。我非常羨慕他。

有一天，我問他怎麼能保持奕奕精神和樂觀進取的態度。他告訴我說：「我一直以新奇喜悅的心情去欣賞別人的言行，所以不管別人的舉止如何，都能發現他的優點，不會輕視和批評別人。每個人都有優點和獨特的個性，你就要像欣賞不同的景致花卉一樣去欣賞他，所以我時時充滿喜悅，人緣也很好。」

於是，我請教他這種樂觀的待人處世態度是怎麼培養出來的。他說：「老實告訴你，我的樂觀和進取是得自母親的恩賜。」他津津樂道的說：「我的母親無論下田工作，或者在家裡縫紉綴補，總是輕輕地哼著歌。我們幾個孩子最喜歡跟著母親哼幾句。母親很溫柔，很少責打孩子，但總是很有耐性地告訴我們怎麼把事情做好。她經常做些小點心給我們吃，跟孩子們一起共同品嘗，但總是問：『好吃吧！一定很好吃！下一次媽媽會做得更好！』有一次，我的考試成績退步了，靦腆地把成績單交給她。她看到我怯生生的樣子，『孩子，你憂愁什麼，你應該高興下一次考得比這一次好的機會將大大增加。』我的母親雖未跟我說過『明天會更好』的格言，但是在她的精神生活上，總是有一種明天會更好的氣氛。」

我這位朋友所說的「明天會更好」的感受，正是積極樂觀的性格，正是現代人所最需要的精神財富。做父母的人，必須注意多給孩子一點樂觀情緒的經驗，因為它能帶給孩子寶貴的活力。

交談的氣氛

父母跟孩子交談時的氣氛，不但影響孩子對問題的理解，同時也影響自我觀念的形成以及情感與情緒的發展。父母親的談話，是孩子們心靈世界的江河大海，它能載舟也能覆舟，因此美國心理學家吉諾特（H. Ginott）特別強調父母親對孩子說話時的表情、語氣和內容。他認為父母親的說話，具有決定性的影響力，它能夠讓孩子活得愉快，也可以讓他們活得悲慘。

許多人認為一個人是否樂觀，是由於他的思想。這固然不錯，但是有的人一動腦筋，總是往消極悲觀的方向想去，因而變得退怯消沉。有些人則從樂觀積極的方向著眼，而變得進取上進。因此，問題的關鍵是為什麼有的人總是抱持樂觀的思想，另一些人總是消極頹廢呢？最近人文心理學家從研究中得到結論：一個人的自我觀念、個人的情感和情緒經驗，深深地左右他思想的方向。

就一個經常被責備羞辱、譏笑鄙視、批評謾罵的孩子而言，他的自我觀念總是抹不掉「我不好」的陰影。因此，很容易反應出消極思想和嫉妒。比如說，孩子經常被罵道：「你怎麼老是不長進！你這蠢蛋，你到底要我說多少遍！」孩子在聽到這些刻薄的批評之後，免不了產生滿腔憤怒的敵意，再加上「我就是不行」的自我觀念，很自然地匯合成為自暴自棄。事實上，父母親並沒有因為他的責備而解決問題，相反的，是在製造更多孩子的心理困擾。

以苛責辱罵代替指導的父母，其管教方式原本就具有消極的傾向，孩子在耳濡目染的情況下，一方面受到責罵而形成不好的自我觀念，一方面仿同父母親的暴躁、責備和辱罵別人的侵略性行為，孩子的人格成長也就受到嚴重的影響。

孩子的言行舉止招惹父母親的忿怒，是親子間不可避免的家常事。但是父母親如何用語言表示忿怒，卻深深地影響孩子的精神特質。以抨擊孩子來發洩氣忿，就會傷及孩子的自尊，有時還會造成親子間的唇槍舌劍，傷害親子之間的情感。吉諾特舉了一個例子說：十歲的萊恩張著嘴吃東西，聲音很難聽，既不雅又不禮貌。他父親糾正了好幾次，還是依然故我。父親忿怒地罵道：「你給我滾開飯桌！吃得像豬似的。你知道豬吃東西的德行嗎？」萊恩也衝著父親說：「我知道！是老豬生的。」這種交談的後果就不堪設想了。反之，如果父親說：「我覺得你嚼東西的聲音怪難聽的！」這只是一種事實的表達，孩子是比較容易接受的。

最容易惹引父母忿怒的事情包括：成績不及格、不誠實、打架、偷竊、不聽話等等。父母親說氣話，發脾氣打孩子，並不能解決問題。當然，父母親可以用處罰來教導孩子，但它不是發洩你的忿怒，而是一種教導行為。因此你一定要讓孩子知道為什麼被處罰。接著，孩子一旦改過，就要給他一些讚美。

以談話的方式代替處罰，那是最好不過。比如說，孩子成績不及格，父母看到成績單，怒目責備他「不用功」「沒出息」「不專心」等等，不但會刺激自己愈發生氣，亦會造成孩子的消極態度。如果你說「你成績不理想，有什麼我們可以幫助的沒有？」然後展開一番建設性的討論。這樣就形成建設性的談話氣氛。

孩子的教育，事先教導要比事後責備或糾正來得好。這個原則，可以使孩子建立初期的信心，從而建立樂觀的態度。比如說，你帶孩子拜訪親友，就應該先給孩子一個學習禮貌的機會。讓孩子做做角色扮演的活動，不但有趣，而且可以避免被父母申斥或批評的機會。這一來孩子的自信和樂觀就得到伸展。

孩子的功課一定要養成預習的習慣。這樣有助於次日聽講的效果，獲得教師的讚美，也孕育了學習的信心。孩子的學習行為不斷獲得讚美，就能引發自動學習的喜悅和興趣，而親子之間氣氛也就變得和諧。

親子間的緊張氣氛，總是在父母親不滿意孩子的行為表現時，如決堤般出現。特別是孩子已長大到應當懂事，而又表現得令父母失望時，最為嚴重。但是，我要提醒父母親一句話：孩子未長大之前，你曾教孩子些什麼？

基於這個原則，孩子愈小愈需注意教導，舉凡誠實、做家事、關懷別人、責任等等，都要在日常生活中，以慈愛的態度點點滴滴告訴他，以耐心的語詞指導他。這些耳提面命和平常的指導，配合自己劍及履及的實踐身教，在孩子心中漸漸孕育出來道德觀念和行為的判斷能力。這些平常的耐心教誨，創造了孩子心智的成長，也創造了親子間的和諧關係。

許多父母親平常疏於指導管教，又錯解自由學習和開放教育的本義，一切聽由孩子任性。生活規範和待人處世未能好好加以指導，到了青少年階段，因為道德觀念沒有建立起來，造成所謂「道德良心的虛弱」，那時想要教導孩子就不免困難。而親子間的關係和交談氣氛，也就在因為愛子心切而嚴厲抨擊與責難下，嚴重地受到破壞。

無論孩子發生什麼問題，交談的氣氛一定要保持和諧，這樣才有助於孩子樂於改過自新和積極向上。茲建議保持良好交談氣氛的原則如次：

1. 讚美和批評孩子，必須針對事，而不是對人。這樣容易被接受，也比較能夠保持和諧愉快的氣氛，及產生鼓勵的效果。

2. 你可以責備孩子，發一頓脾氣，給他一個處罰（不宜用體罰），但要讓孩子知道他錯在哪裡。當他改正的時候，你要對他的正確行為加以讚美與鼓勵。

3. 當他憂傷或受挫折時，你要有接納他傾訴的雅量。事情過後，自然雨過天晴。切忌在孩子受挫與憂傷時訓斥孩子。

4. 孩子很需要跟你有個愉快的談吐。跟孩子愈多愉快的談吐，他愈能吸收歡悅的態度。

5. 跟孩子討論事情時，最後記得要從積極面看問題，這樣才能培養孩子的朝氣和活力。

歡樂與喜悅的心境，使一個人擁有朝氣和信心，它是人生旅途中的幸運之神。樂觀的人無不積極進取，逢凶化吉。樂觀是孩子順利成長的守護神，它大部分來自父母親的調教與陶冶。

克服焦慮和消沉

焦慮使一個人無法發揮他的才能，並引起身心的不適。相反的，神情輕鬆則能引發一個人神清志爽，積極創造。然而我們所生活的社會，變動太快，生活壓力很大，競爭日趨劇烈。因此，每個人都必須懂得克服焦慮。

在國小階段，大部分的孩子感受不到焦慮，但到了國中階段，隨著功課的加重，升學的壓力，開始感到沉重的精神壓力。有些孩子由於生長在不健全的家庭，或者父母親的錯誤教育，已經飽受焦慮的摧殘。

焦慮由緊張而起。當我們生活的情境有了改變，欲望得不到滿足，受到強烈的挫折和打擊，就會產生緊張情緒，這是十分正常的事。但若緊張遲遲不能消除，變成伴隨在日常生活的情緒反應，那就轉變成焦慮了。適度的緊張，可以使一個人更專注於工作，激發其努力向上。但若變成一種焦慮的習慣情緒，就對自己有害了。

一個人為什麼會產生焦慮，原因很多，有些是因為生理上化學分泌的不平衡所引起，有些是心因性的，是個人長期受到壓抑而引起。但根據一般的看法，由心理因素所引起的可能性較多。也就是說，孩子如果長期受到嚴苛的管教、壓抑或虐待，就容易產生焦慮的性格。正因為如此，父母親一定要給予孩子一些輕鬆的休閒活動，平常不要給予長期的緊張和壓力。比如說，孩子做錯了事，你當然可以責罰他，但如果責罰過了還要脅孩子說：「今晚等你父親回來，再跟你算總帳。」父親回來以後，果然又因為母親的告狀，而遭到一頓「修理」。如果經常有這種事情發生時，孩子就會變得焦慮。

許多父母親平常就表現得達觀、親愛、慈祥，孩子在日常生活中自然學會了父母親的特質。但有些父母親平常就很緊張，一會兒怕這，一會兒怕那，無形中，教給孩子許多懼怕和焦慮。比如說，有些父母親看到孩子在地上玩小石子，便即刻加以阻止，說是會感染細菌。看到孩子弄髒了身體，不斷強迫孩子洗手。許多沒有危險性、可以讓孩子嘗試的活動，都被父母親說得害怕而不敢參加。害怕的太多，就聚集成為焦慮，抑制一個人潛能的發展。因此，父母親平常教育孩子時，應注意下列原則：

1.在沒有危險性的範圍內，讓孩子多多嘗試。

2.有危險性的活動，要說明事實的真相，不宜用恐嚇的方式一再嚇唬他。有危險性的活動，在父母或專人指導下仍可鼓勵他嘗試。

3.鼓勵孩子多做戶外活動，培養參加體育活動的興趣，如球類、田徑、登山、游泳等等。愈少活動的孩子愈容易畏縮和焦慮。

4.引導孩子多做試探，培養多方面的能力；帶他多參加各項社交、文藝等活動，陶冶多方面的適應能力。

5.孩子的安全感和喜悅的經驗，是長大成人克服緊張壓力的有效力量。因此，不要給孩子太多不愉快的童年。

達觀與輕鬆，配合積極的處世態度，不但能引發源源不絕的精力，更能促進創造思想的開展。此外，達觀有助社會適應，增強人際關係能力。它對於個人事業和工作之拓展，具有重要的影響作用。

不久之前，我認識一位青年，他是一所著名大學工學院畢業的。他瘦弱中帶著怯生生的表情，兩隻手似乎不知如何舉措一樣，不斷地搓動，兩眼不敢正視別人。他告訴我，有幾次謀職的面談都失敗了，原因是在面談中，總是懼怕得話都說不出來。我發現這個年輕人染上嚴重的焦慮情緒，由於他一緊張就會失態，這是影響他走向成功生活的一大障礙。

對一個人的情緒影響最大者，除了緊張與焦慮之外，尚有一種空虛的厭倦。這種人說什麼也提不起勁，即使用盡心機尋求克服之道，還是感到無聊。根據美國的調查，有百分之二十的年輕人感到無聊，沒有目標，意志消沉。這種消沉會造成吸毒、暴力行動或侵犯別人。美國心理分析學者對這種消沉的反應下了一個定義說：「消沉者一方面對環境不滿，同時又對活動不感興趣，對生活似有憧憬，但又不知憧憬的是什麼。一種空虛感，一種消極的等待態度，希望外界給他帶來滿足。一種對時間的歪曲觀念，彷彿時間是停滯不前。」消沉就是一種鬱鬱不樂的心情。

造成消沉的原因為何呢？我想下列幾種原因可能是時下青年消沉的重要因素：

1. 缺乏自信心。孩子在學校裡，學業競爭上遭到淘汰，挫折之餘喪失自信，而走向徬徨、鬱鬱寡歡之路。

2. 孩子享受太多，缺乏挑戰，喪失了兢兢業業、努力向上的鬥志。

3. 學校裡自動升級，不用功讀書，成績低劣的學生一樣升級。凡事隨隨便便，耽於聲色之娛，厭倦於是油然而生。

4. 厭倦往往是害怕吃苦的結果。事實上，吃苦與快樂互為因果，孩子若怕吃苦，就會退縮消沉。

5. 缺乏生活的目標，失去挑戰的誘因，因此振作不起來。

6. 缺乏活力，體能不好，產生了厭倦的態度。

父母親如果要使孩子能積極振奮，免於淪入消沉的漩渦，就得幫助孩子避免走向上述的歧路。

最後，如果要引導孩子樂觀與進取，就得引導他有個「希望」。心裡充滿著希望，自然會樂觀進取，因為它很像黑暗中的探照燈，能給予個人方向和光明，引領其走向成功的人生。

父母充滿希望，才可能養育出懷有希望的子女。有一位心理輔導專家說：「悲觀、恐懼和憂鬱最易傳染。如果家裡充滿這種氣氛，孩子的樂觀本性就難以保存。相反地，要是經常教導他失敗了儘可再試，遇到困頓時正好可以鍛鍊其堅忍和品格。這種態度可以減輕世事無常的可怕和危機四伏的緊張。」我想，這段話應是父母教育孩子的金科玉律了。

6 訓練熱心和毅力

一個人要想有點成就，就得有熱心。熱心像是源源不絕的生命之火，它不斷燃燒，照亮自己的人生，實現自己的抱負。諾貝爾物理學獎得主艾波敦（Edward Victor Appleton）說：「獲得驚人成就的秘訣是熱心。我認為熱心比專門學說和技巧更為重要。」缺乏熱心的人，不可能保持百折不撓和堅持奮鬥的毅力。愛默生（Ralph Waldo Emerson）也說：「任何偉大的事業，都不能在沒有熱心的情況下完成。」

熱心與毅力是個人性格的一部分，是透過教育培養出來的，如果你希望孩子將來有所成就，在艱險叵測的世上能保持生氣蓬勃，有活力，有毅力，你一定要注意這方面的教導。

培養孩子熱心和毅力的方法就是自我暗示法，也就是要孩子懂得常常暗示自己是具有熱心和毅力的人。父母親要運用適當的時機，引用電視節目中一段人物故事即席討論，或從一則新聞事件中，點燃孩子心中熱心的火焰，使他們奮發有為。在愉快的餐敘裡，在平常的交談中，很自然地點燃令人興奮不已的熱心和毅力。

孩子是在日常的生活當中學習熱心的思想和觀念。一則故事，一段社會新聞，都具有奇妙的啟發作用。父母親要引用許多熱心人的故事，讓孩子在不知不覺中薰陶了熱心的思想和毅力，心理學家詹姆斯（William James）說：「如果你需要某一心理品質，你就先假定自己有那種品質，然後付諸行動。」孩子是透過人物的仿同和父母的教導中，播下積極的思想和毅力，然後才可能假定自己具有那種熱心和毅力，在平常生活中表現出來。

熱心和毅力是從樂觀的思想中衍生出來的高貴氣質。因此，我們要教給孩子樂觀，每天培養自己喜悅和充滿希望的襟懷。哲學家梭羅（Henry D. Thoreau）建議，每天早晨起來，要常常在床上靜臥片刻，告訴自己今天可能的好消息；比如說身體健康良好，心神保持清爽，工作有趣，未來前景是光明的等等，然後高高興興地起床，度過新的一天。這樣可以使自己樂觀，進而孕育出熱心的活力和堅毅不拔的精神。

熱心的人總是樂於助人。換言之，樂於助人的人能夠產生熱心，熱心的人對別人有興趣，對各種事物一樣抱著積極參與的態度，這就是有活力的人生風格。為了培養孩子的毅力，你一定要在孩子小的時候，多念一些偉人的傳記和故事。這些故事不但能啟發孩子的思想，更重要的是透過人物的認同，而學會偉人的毅力性格。茲建議從以下幾方面培養孩子的熱心與毅力。

樹立目標

我們期望孩子保持熱心，有志竟成，這個觀念是正確的。但是如果把這句話當格言或庭訓的口頭禪，則不能激發孩子的毅力和熱心。因為格言總是動聽而不容易用出來的短句。

如果你希望孩子確能實踐有志竟成的毅力，你就必須先教他怎樣樹立目標。因為目標是生活及工作的導向，是努力以赴的實踐性誘因。

心理學家弗蘭克（Viktor E. Frankl）指出：毅力就是建立在一個人追求某種目的

或意義上。他說：「有了生活的目標，就能忍受任何種種生活的挑戰。」很明顯的，一個人情緒低落，不能振作起來，都是因為不知道自己的目標所致。一個人不怕缺陷和障礙，怕的是失去了屬於他自己的目標，失去了他自己願意努力的方向。

目標是不能抄襲的，你不能拿自己的目標當作孩子的目標，更不能拿別的孩子的目標要自己的孩子去實現。目標必須經過孩子自己去發現，肯定它，然後變成他價值理念的一部分。

父母親給孩子訂目標便是越俎代庖，孩子很難接受。我們必須從日常的生活中，提供孩子自然的嘗試機會，從鼓勵與薰陶中建立他的目標。目標有遠程的，也有近程的，都是孩子在學習和摸索中自己發現而樹立起來的。

有個十歲的孩子，他的母親買了一套「兒童讀唐詩」給他，要他在暑假期間背誦。由於這個目標是父母指定的，所以孩子變成被動的讀書。一個暑假下來，背不到二十首。另外一個孩子則顯然不同。母親先跟他討論唐詩，偶爾也能背上幾首，當作風雅情趣，大大提高孩子讀詩的興趣，然後才買書。結果，背唐詩成為孩子暑假生活的目標。他開始把唐詩分成幾部分，每天固定背幾首，一個暑假下來，就把五冊兒童讀唐詩完全背熟了。就整個背唐詩的學習活動而言，是一個長期的目標。孩子所以能長期完成一件工作，是因為把它分成許多個小目標，一一克服，由每一個小成就帶來喜悅，而更樂於向前學習。因此，要想孩子在學習和工作上表現出毅力，就必須在「目標」上下工夫。

孩子的心中如果懸著一個前景，就會勇猛精進。為了使孩子不斷對那前景保持興趣和熱心，適當的鼓勵是必要的。

鼓勵有時是口頭的讚美，有時是一些物質的獎勵。當然，最好的方法就是畫一張進度表，每完成一件事情，就在那張表上畫上一個標記。父母親可以事先跟孩子約定，當孩子獲得某些標記時，送給孩子所需要的文具或運動器具。這樣比較容易培養孩子的熱心和毅力。

明確的目標，使孩子從「坐而談」過渡到「起而行」，使他們看到光明，而不致半途而廢。不過父母親在指導孩子發現目標時，就不得不講求技巧了。建議原則為：

1. 目標必須是孩子自己發現，然後由他自己擬訂執行的步驟，父母親只能提供建議和誘導，不能越俎代庖。

2. 孩子執行的目標必須符合他的興趣和能力。

3. 執行目標時，最好能協助孩子，分成幾個階段並訂下時程去完成。萬不可隨心所欲，時多時少，導致灰心。

4. 隨時注意孩子執行的進度，給他鼓勵和獎勵，失敗了要設法指導他克服困難的方法。

我們生活在這個世界，必須面對現實，克難致勝。能夠提早訓練孩子確定目標的習慣，就等於為他培養了堅忍行事的性格。

自我控制

自我控制的能力，能幫助一個人堅毅不拔地完成他所期望完成的工作。因此，教導孩子自我控制，是父母親千萬不能忽略的職責。

孩子最常見的不能自我控制現象，是經不起外力的引誘而分心。例如孩子一回到家，電視機就在書桌的旁邊，不禁打開電視機，一看就是一個小時。晚間，孩子需要時間複習和預習功課，家人卻在客廳觀賞電視長片或球賽轉播，於是孩子情不自禁地也跟著看起電視。

孩子能否自我控制，堅持自己原訂計畫去做功課，受兩種因素的影響，其一是內在的心理因素──強烈的動機，可以避免外界的干擾；其二是外在的環境因素──要注意安排環境，使孩子能專心的學習。這兩種因素的配合，可以增強孩子的毅力和熱心的學習。

父母親要鼓舞孩子，保持做事的熱心和強烈的動機與決心，不斷的努力。無論是學習一項新的課業或革除舊的惡習，最忌諱的是不能堅持。心理學家班杜拉（Albert Bandura）指出：自我控制所以失敗的原因，是因為自暴自棄所引起。在努力的過程中，一個人如果求短時的快慰與滿足，就會犧牲長期努力的目標。它往往被一種消極的思想帶動，例如「我相信我做不好」「別人能力比我好，我無法跟他們競爭」，甚至有些孩子對自己說「再玩一天，明天再開始好了」，日復一日，一直沒有認真執行自己的讀書或工作計畫。

這種自我控制的失敗源自內在的思想和情緒。父母親很難用責備和苦勸獲得補救。唯一的最好方法是，在他消沉的時候，讓他適當的休息，並鼓勵他想像完成預定工作時的快樂與喜悅，而重新鼓舞其進取和熱心。

影響孩子自我控制的另一個要素是環境。孩子不能專心念書，往往因為電視機的干擾、噪音的影響、光線的不當等等。特別是交結不良的朋友和家庭的糾紛，最容易使孩子分心，中斷其學習的專注，以致喪失毅力與熱心，放棄原定的計畫。遇到這種情況，父母親一定要檢討改進環境。

毅力與熱心雖然是一種精神的特質，但是它一經表現出來，就是一種很具體的行為。因此，我們可以透過增強原理，來「塑造」毅力的行為。具體的說，父母平常要注意孩子的行為表現，孩子一有毅力或熱心的行為，就應予以讚美或獎勵。這種方法，可以很有效地建立有毅力的態度與習慣。教孩子自我控制的基本原則如下：

1. 自我控制可以演化為毅力和熱心，它是可以透過有效的安排而建立的。
2. 增強孩子自我控制的方法，可以從改變環境、加強其學習動機和減低外界的不利干擾著手。

3.指導孩子訂定計畫，依據計畫執行情形給予獎勵（可用口頭讚美、記載優點、物質獎勵等方法）。

4.任何學習或工作計畫，都應從易到難，循序漸進。

5.孩子在消極或想停頓其工作時，要鼓勵他前瞻自己的目標，及想像完成計畫的喜悅。

孩子學會了自我控制，就能自動學習，凡事也能自制。自我控制是父母親指導孩子發展出來的精神力量，它使一個人能夠貫徹始終，百尺竿頭更進一步。

對付失敗

無論是成人或兒童，失敗絕對不是愉快的感受。但是失敗乃生活常事，如果我們不懂得如何利用失敗，就很難把生活引導到積極的層面。

一個人如果在失敗的時候不懂得藉機檢討改進，那麼失敗會變成情緒惡化的病源，使人洩氣而振作不起來。如果我們把成敗得失看得輕些，而努力設法超越，則對個人能力的成長大有助益。因此，父母親如何教導孩子處理失敗，成為教導上重要的一環。

人沒有十全十美的，要求孩子十全十美會造成嚴重的挫折感和厭倦感。事實上，生活在不是十全十美下，才顯得多采多姿。教導的本義，應該是指導孩子發揮所長，而不是要他樣樣皆通。

父母親有時必須特別注意，孩子在學業上過分的順利與成功，缺乏失敗的磨鍊時，反而不容易養成韌性和毅力。另一方面，如果孩子在學業上的成功是付出過高的代價才得到，而使他犧牲了歡笑、健康和活潑的朝氣，那就得不償失了。特別是孩子在學業上的成功，反而帶來懼怕失敗的恐懼，那麼犧牲就更大了。

多數父母親一心一意設法防止孩子失敗，或設法不讓孩子知道他自己已經失敗，一味降低標準，怕孩子受到刺激，這都是不當的教育，反而使孩子根本沒有挫折容忍力。父母親必須明白，人生中遭逢失敗十之八九，我們不能教孩子逃避失敗，而是要教他如何在失敗中獲得成長與進步。

有一位心理學家說，失敗的價值有時勝於成功。因為成功的喜悅，只不過鼓勵重複原來的行為，反而得不到更多的激發與思考。相反的，對失敗的檢討，卻訓練孩子再求長進的毅力。不過，這有一個條件，孩子不能嘗到太多的敗績，當孩子因為屢遭失敗打擊而失去自信時，毅力也就保不住了。

信心是一個人人格的特質，它必須自小開始培養。孩子小的時候，很容易得到成功，父母親要乘機多多讚美和鼓勵，多多給他信心，千萬不要在孩子面前說出損及自信的話，種下失去信心的種子。

失敗是一個事實，父母親只能針對事實協助他，不能以批評的方式責罵他。父母親能注意這一點，孩子的積極心和毅力就得到伸展。愛默生說：「一個人的成功是由多次失敗構成。因為他每天試驗、冒險，失足的次數愈多，前進的速度愈快。」

失敗對孩子而言是彌足珍貴的經驗，要利用它來勵志，不是因它而喪志。有時我們必須先經過失敗才能成功，才能了解成功的真正意義。茲建議教導孩子處理失敗的原則如次：

1. 不要為失敗難過。告訴他「事情已做了，過去了，你不可能改變過去。要鼓起勇氣，把它當作一個教訓，接受這個教訓，然後忘掉這件事」。

2. 教孩子不要諉過他人，要誠心檢討自己。

3. 檢討之後，切勿自誤，一再拖延，要即刻改過。「從現在開始，而不是從明天做起」。

要讓你的孩子知道，人生無法避免困難，遇到困難才是發揮創造力的時候。給你的孩子一個座右銘，要他抬起頭來正視困難。並對困難或失敗說：「我比你強，你擊敗不了我。」

過火的熱心和毅力

最後，你千萬不要讓你的孩子過於認真，過分的熱心和毅力也會毀損他的前程和健康。

孩子長期處於勤奮用功和緊張競爭下，漸漸地把埋首苦幹當作刻板的生活態度。

日子久了，孩子失去歡笑，變得非常嚴肅，於是形成類似工作狂的性格。在精神生活和心理健康上，發生嚴重的問題。

這樣的孩子，會變得孤癖，鬱鬱不樂，看不慣別人的喜樂。在思想上變得固執，在人際關係上也有了障礙，這類性格的人，往往失去他的創造力。

為了孩子能保持正常的毅力和朝氣，你必須注意他的休閒和體能活動。健康的身心，才是源源不絕精力的來源。

我們期待孩子成長為一個巨人，但不能揠苗助長。我們希望他活潑愉快，卻不能因而疏於管教。我們希望他有自信，有毅力，就不得不讓他接受失敗的打擊。父母對孩子的教導，必須是在愛與關心之下，接受適度的挑戰，孩子才有機會醞釀出高貴的精神力量。

第三篇　激發孩子的潛能

我們都希望下一代比自己能幹，做父母的人，當然希望孩子能出人頭地，希望他們能發揮潛在的能力，做一個有用的人，有成功幸福的未來。人類的確有很大的心智潛能尚待發展，是心理學家共同的看法，但對於啓發潛能則所知甚少。本篇要從心理學的研究結果，提供一些激發潛能的觀念與線索，幫助你提高教導孩子的新知與技巧。

關於潛能的發展，以人文心理學（humanistic psychology）和超心理學（transpersonal psychology）討論得較多。人文心理學家傾向於發展人際關係，自我的醒覺與實現，藝術的陶冶及情感的發展、感受性訓練等。他們相信這方面的教導和陶冶，有助於創造力的發展和潛能的實現。超心理學家則朝另一個方向尋找答案，他們到目前為止，還沒有建立一個系統理論，更沒有確定的範圍。他們相信，要從心靈活動的多面性去發展，才能啓開人類潛能的奧秘。不過，到目前為止，他們似乎有點眉目，因為他們把重點擺在內在我（subjective self）的發展，認為它是創造力的動力核心，是直覺的根源，同時也重視超覺和非感官的經驗（unusual human experience）。他們相信，情感的非理性活動有助於創造力的啓發，練習超覺靜坐與直覺的靈感，鼓勵想像力的表達，均有助於創造潛能的發展。

此外，心理分析學家也提出了潛能與創造力的觀念。他們認為想像力是創造力的來源，不過想像力是潛意識發出來的靈感，它是心理動能的衍化。如果想像力和懼怕結合，就變成焦慮和心理上的不良適應。它如果與現實待解決的實際困難相結合，就成為創造力。因此，父母要給予孩子自由探索的機會，避免抑制孩子的情緒或心力。

現在我以通俗的觀念，綜合各派心理學的研究，提供你教育子女和激發潛能的觀念與原則。

7 潛能發展的條件

每個孩子都擁有很大的潛能，未發揮的部分遠超過他所使用的部分。因此，只要經過適當的教導與培養，潛能就可獲得發展。心理學家漢特（J. M. Hunt）在他所著的《智能和經驗》（*Intelligence and Experience*）一書中，詳細討論啟發孩子潛能的重要性。他說，孩子在貧乏的環境下生活愈久，智能發展愈差，潛能受障蔽的情況愈嚴重。反之，生活環境愈多變化性和挑戰性，對潛能的發展愈有幫助。

心理學的研究已告訴我們，孩子的智能並非固定不變。現在我們已不再為兒童的智能束手無策，因為它可以透過適當的培養而改進。我們對天才的觀念已經有所改變，因為天才事實上是教育的結果。教育的目的無非是使每一個人的潛能得到啟發。教育不是在發掘天才，而是在促進孩子潛能的發展。

父母親必須相信自己的孩子是獨一無二的人，不應該拿他跟別人比較，而是要把他的潛能引發出來，實現他自己的能力。人文心理學家認為，發展孩子的潛能，至少要注意良好的生理條件、學習的機會、人本需求的適當滿足、自我觀念的發展和適當的接受挑戰。茲分別討論如次。

健康的生理條件

健康的身體是維持良好精神狀況的基本條件。孩子們是否活潑、好奇、興致勃勃不斷的探索，與其生理狀況關係密切。疲憊或生病的孩子，學習動機很弱，專注力很差；精力旺盛的孩子，好奇心強，可以維持較長時間的專注與活動。就發展潛能而言，健康的身體是重要的一部分。

許多父母親為了鼓勵孩子多讀書，卻忽略了孩子生理上的成長和需要，把孩子當作讀書機器，整天與書本為伍。另一方面，生活在都市裡的孩子，由於活動空間狹小，父母親又沒有時間多帶他們做戶外活動，生理上的發展顯然受到限制。我實在很擔心下一代孩子的體能將有所不足。他們胖而不實，虛有其表，活力不夠。肥胖已經成為現代兒童的一種病徵，根據調查，都市裡有百分之五的孩子，體重超過標準。另一方面，城市孩子的近視比例，到了國中階段，已高達百分之六十，高中則高達百分之八十。這是值得現代父母特別注意的問題。

人類的眼睛就原有結構而言，是用來看遠處的東西，例如逃避危險，尋找獵物。但由於人類文明與生活形態的改變，不斷做近距離的視覺活動：看書、看電視、看電腦、寫字或辦公室的活動。更重要的是，由於城市建築有如雨後春筍，孩子們似乎已失去遠望的環境。

最近，孩子重聽的現象也愈來愈嚴重。父母親似乎除了特別重視學業和盲目補給營養之外，沒有什麼新的省悟。

我要鄭重地告訴現代的父母：要想孩子將來生活得好，能發揮其潛能，首先需要有好的生理條件。因為它是生活的本身，是活得有朝氣、帶勁兒的基元，同時也是學習生活於世界中種種必要能力的條件。

如今，大部分的孩子缺乏這個條件，健康的身體似乎被誤會為「不生病」，這是教育上最大的不幸，也正因為如此，孩子的健康才會受到疏忽。

健康的生理，至少應解釋為具有充沛的體能，飽滿專注的精神，敏銳的知覺與感受能力，迅速的活動力及穩定快樂的情緒。良好的生理條件，支持孩子不斷發現問題，好奇的探索和嘗試尋求答案的意志。

目前衛生與保健的觀念雖然普遍，但我們仍然未將醫學上的知識，充分地應用於養育孩子，以致對孩子的健康仍然相當疏忽。我們給予孩子太多功課，使他們過著勞頓乏味的生活。食物方面，我們不注意選擇，過量的精製食品如餅乾、糖果、合成果汁，幾乎代替了自然食物。這些食物營養的分配並不均衡，而電視裡對兒童零食的廣告，似乎不斷地在加強食品營養上的錯覺。

父母親究竟應對孩子的飲食注意些什麼呢？美國的畢勒醫生（Henry G. Bieler）根據行醫數十年的經驗和記錄，寫了一本書叫《食物是最好的醫藥》（*Food Is Your Best Medicine*，中譯本遠流出版），從這本書裡我們可以歸納幾項重要的原則：

1. 要多吃新鮮的食物，少吃精製的食品如滷肉、白米飯（以胚芽米為佳）、蜜餞、精製麵包、冰淇淋等等。
2.均衡攝食各種蔬菜和水果，以補充孩子維生素和礦物質。
3.能生吃的蔬菜、水果，應以生吃為宜。
4.孩子發育期間，蛋白質、碳水化合物、脂肪、維生素等須適量的供應。
5.偏食對孩子的健康影響很大。
6.生乳和酵母是好的食物，也是醫藥。
7.過量吃鹽有害健康，食物應少加鹽和調味品。
8.刺激性的食物如咖啡、菸草、酒精，對孩子健康有害。
9.疾病是長期不當的飲食和生活習慣所致。

適當的食物不但有益健康，而且可以治療疾病。影響孩子健康的因素很多，食物只是其中重要的一環。此外，良好的作息習慣、適當的運動、情緒與心理生活等，都足以影響孩子的健康。特別是運動，父母親最好能陪伴孩子，學習一些不受空間限制的運動，以期天天運動強身，如太極拳、彈腿、跆拳道、八段錦等國術活動。

學習的機會

提供良好的學習機會，是孩子潛能得以充分發展的第二個因素。孩子內在的心靈世界，與其生活經驗息息相關。父母親唯有提供各種學習機會，引導他做多方面試探與學習，否則很難把真正的能力引發出來。許多父母親以為自己的孩子天賦不如人，而產生消極的念頭，終止了對孩子的悉心教導，以致孩子得不到他應有的發展。事實上，就孩子的能力發展而言，後天的學習與教導，具有絕對的影響力。

兒童心理學家凱利（E. Kelly）曾說：「父母親要隨時注意兒童的學習與經驗，時時提醒自己，孩子們天生完美，我們有責任提供其發揮完美潛能的機會。」在我們的社會裡，仍然有許多孩子得不到良好的學習機會。比如說小家庭的子女，父母親早出晚歸，除了在學校的時間以外，顯然缺乏親子間的交談和溝通。甚至有些父母親，一有空閒便坐在電視機前或麻將桌上消磨時間，而不與孩子談話，因而造成語言發展上的障礙、人際感受性的貧乏，甚至在智能和情感上亦受到影響。

科學和經濟的高度發展，原可以提高生活的水準，使孩子受較好的教育。但是生活方式的改變及社會變遷的快速，使得父母親忙於他們的競爭與工作。結果這種新的生活方式，又剝奪了兒童學習的機會。

佛羅里達大學教授戈登（I. Gordon）曾做過幼兒多方面學習的試驗。父母親經過指導，運用家裡各種事物，隨時對六個月大的嬰兒提供學習機會（逗著玩、說話、觀看玩具或圖案）。實驗的結果發現，學習愈多，智力的發展愈好。貧窮家庭的孩子也不例外。

教育心理學家布魯姆（B. S. Bloom）研究亦發現，兒童到了四歲，智力已達到將來成熟時的一半。因此，孩子早期所得到的學習機會，可以決定孩子智力成長曲線的仰角與高度：出生後頭四年內智力成長程度，與其以後十三年成長度大致相等。由此可見，提供兒童學習的機會，尤應重視四歲以前的學習。

四歲以前的孩子，究竟要提供他什麼學習經驗呢？瑞士心理學家皮亞傑（Jean Piaget）指出，逗孩子玩、跟他說話、展示物體景象、引起好奇、增加他的見聞、玩弄各種玩具等等，都有助於幼兒智力的成長。有一篇報導指出，孩子即使有好的智力遺傳，如果不提供學習機會，一樣會被埋沒。美國若干沒有得到教導或愚笨的兒童，竟是大學研究所研究生的子女。其原因是研究生忙於研究學問，不能每日提供較多時間教導孩子。

父母親提供愈多學習性刺激以啟發孩子，愈能促進智能的發展。茲建議提供孩子學習機會的幾項原則如次：

1. 對於幼兒要多逗著他玩，跟他說話，跟他一起玩玩具和有規則的活動。
2. 及早學習語言。父母親要多跟孩子交談，念故事給孩子聽，並學習正確的表達和邏輯思考。
3. 讓孩子在日常生活事物中練習分辨、歸納、推演和探究。
4. 幫助孩子學習閱讀。
5. 要在兒童有興趣和樂於學習下，提供學習機會。

人類的能力用進廢退，若不提供機會讓兒童應用資賦，潛能便胎死腹中。在教導過程中，如果一味提供死板而缺乏挑戰性的學習活動，孩子便會對它覺得乏味，那麼所提供的學習機會便失去意義。

許多家庭對孩子的教導，一直沒有打動兒童活生生的求知欲望，也談不上開放兒童的經驗世界。執著於死板教材的填鴨，是教導上的最大缺憾。

心理需要的輔導

影響孩子潛能發展的另一因素，是教師和父母對孩子的人本需求是否重視。人的一生是一直都在追求「需求」的滿足。人類的需求可分為兩個方面，其一叫做基本需求，如食、衣、住、行的需求。其二是心理上的需求，如追求安全感、認同、歸屬、自尊、愛、自我實現等。人類的行為與生活現象，都因需要而起。需要驅動了行為，行為的結果又形成新的誘因和動機。

孩子在基本需求得到滿足時，便開始尋求心理上的需求。這些需求被人文心理學家們稱為人性需求，心理學家弗洛姆指出，滿足人性需求的手段，大致可分為兩類，其一是循理性的創造以及愛、美感和真理來獲得滿足。另一是以非理性的暴力、毀滅、退化和麻醉來逃避需要。由於後者徹底違反了生命的生長，在逃避背後，仍然存在著緊張和焦慮，而使自己更陷於墮落，無法自拔。

父母親在孩子尋求心理需求上，應做積極的輔導。培養孩子以愛、同情、美感和理性滿足其心理需求，從而產生一種精神力量和價值觀念，建立倫理意識和社會生活規範。

孩子的人性需求經過父母親的愛、溫柔、興趣、同情的感染，最後成為一種健全的精神力量。這是保證孩子不學壞，而能積極上進的契機。

孩子所以有不良適應、愚行、犯罪等等，都源自於人性需求上的匱乏。換言之，孩子的人性需求若得不到滿足或紓解，罪惡便隨之而起。心理學家馬斯洛（Abraham H. Maslow）說：從不良適應者的乖異行為，可看出孩子追求人性需求失敗與挫折，對心靈的戕害至深。心理疾病是無法滿足「為獲得生長及健康所由生的需要」所致。孩子是在不能滿足這些心理需要及自我實現時，才鋌而走險。

許多孩子正因為無法獲得人性需求的滿足，例如被動的學習（上學）、師生間的疏離、親子間缺乏愛與親密、破碎的家庭所造成的不安、學業上的失敗、不能在學校裡發揮所長等等，而使心靈成長受到嚴重的傷害，造成心理上衰退併發症狀，而潛能也就被抑制了。

孩子心理需求的滿足，大部分要靠家庭維繫。家庭的氣氛一定要和諧，父母親一定要付出愛，否則孩子就要陷於心理需求的饑渴。所以我特別建議正打算離婚的怨偶，一定要考慮孩子的將來，不要意氣用事。請注意！幸福是創造出來的，不是尋找得來的。

教育家辛格（D. Syngg）曾批評當前的教育說：我們提供過多孩子未曾接觸的課題和答案，忽略了人性的教導，過於強調父母對孩子的成就期望，而造成教育上的失敗。許多孩子心裡正嘀咕著：「沒有人喜歡過我，接納過我，了解過我。」孩子如果處於這種情況下，他們怎麼會有興趣向學，主動探索和求知？

父母親最容易犯的錯誤是：無心地抑制了孩子的自發活動，把活潑誤會為頑皮，把好奇當無知，把發問當多嘴，把熱心當多事，而給予一連串抨擊。然後把主動做事當應該，把勤勞當本分，把成功視為當然，而吝於分享他的愉快以及適當的讚美，使孩子在人性經驗上，變得貧乏和蒼白。這樣孩子的生活力和上進心就會受到障蔽。

如果父母親要求孩子做的，正是父母親應該指導孩子做的，這就好似醫生告訴病人「等你的病好了再來看我」一樣的矛盾。父母親對孩子犯過和失敗，不從人性經驗做誘導，反而責罰、體罰和凌辱孩子，往往使孩子失去成長與實現的積極性。

孩子獲得較多尊重與誘導，便會自動自發；獲得父母親的支持和鼓勵，便會有信心；獲得愛和關懷，當然有較高的安全感；獲得成功的經驗，就能奠定自我實現的初基。孩子的人性需求如果獲得重視，孩子就能積極上進。

自我概念

孩子未來潛能的發展，與他的自我概念有密切的關係。因為它深深地影響「自我世界」（the world of self）的擴充。自我概念是孩子對自己的看法，而這些看法則從其父母、師長和四周的朋友對他的看法中得來。因此，父母和家人對孩子的看法，及使用語文或表情所表現出來對孩子的評價，將深深影響孩子的自我觀念。孩子被父母親經常評價為「愚笨」「拙於人際關係」「不得人緣」等等，孩子就因此而形成了那樣的自我概念。

孩子為了維持自尊，不願接受壞的自我觀念，但又無法從「自卑」中超越出來而有所突破時，就可能走向嚴重的不良適應，採取暴力、犯過和敵視來防衛他的難堪。

自我概念是孩子面對種種生活挑戰時，能否勝任愉快的重要因素。孩子的行為品質決定於自我概念。一個人相信自己如何，其表現就會如何。它影響一個人的處世態度，內在的情緒與情感，以及判斷和知覺。

父母親必須特別謹慎，孩子的自我概念是父母和周圍的人對其觀感的投影。那麼就不難了解：得不到愛的孩子他的自我概念如何？在學校學業不斷遭到失敗的孩子，而從不給予某些成功的經驗來補償，他的自我觀念又如何？要知道，在幼小心靈中，如果挫折太多，受到的凌辱又太過分，那麼孩子的感受會如何呢？那種天為之黑、地為之暗的遭遇，是孩子成長過程中最大的不幸。

我常常發現，許多孩子因父母的離異而得不到愛，父母的任何一方都在批評對方的卑鄙，而造成價值的混亂和認同上的失敗。接著，孩子無心念書，功課一落千丈，「失敗者」的自我概念，像惡魔般地把他推到無法自拔的困境。

智能在某些層面上，也是自我概念的函數。具有良好自我概念的孩子，覺得自己有能力嘗試，能克服困難，其思想達觀，接受挑戰的機會較多，經驗的累積使他更有能力應付待解決的問題。

在教育的過程中，如果孩子有了不當的自我概念，他的潛能發展便會受到阻礙，甚至需要輔導和治療才能挽回。茲建議父母親培養孩子良好自我觀念的原則如次：

1. 孩子的自我概念應切合他自己的能力與條件，自我概念應建立在自我了解，而不是建立在父母親或師長所給予好的或不好的評價。
2. 不要給孩子灌迷湯。不切實際的評語容易造成錯覺，或對父母的抗拒。
3. 協助兒童解決問題，建立適應能力，從而培養自信心。
4. 適時給予成功的機會。每個孩子都有他的特長，要在成功的經驗鼓舞下，發展更多的特長。
5. 支持和接受孩子主動解決問題，是培養良好自我概念的最好方法。

自我概念是孩子憧憬未來和創造自己前途的動力，父母一定要細心地培養，因為它是命運的守護神，也是引導一個人克服萬難、不斷努力上進的思想。

情感的發展

孩子生活中的情感表現包括情緒、感情、人際關係等等。這些情感不但影響心智的成長、學業成績，更嚴重的支配個人的心理健康。柯曼（J. Coleman）曾經研究過影響孩子學業成就的因素。他發現「孩子的態度」對學業成就影響最大，它包括對學校的興趣、情感、自我概念、情緒控制等。何特（J. Holt）則從研究中發現，焦慮是孩子走向失敗的原因。柯柔（J. Kozol）則更具體的說，情感上的障礙是孩子挫敗的開端，而強調少年時代情感生活的重要性。

我們必須注意，情感上的經驗，是一個人「情感我」的根源。特別是少年時代的種種經歷，對人格具有決定性影響，並支配一個人的興趣、想像、適應方式和態度。茲對孩子的情感教育提出一些原則性的建議如次：

1. 協助孩子從自發活動中，獲得主動做事的滿足感。
2. 重視孩子在藝術（美術、音樂、舞蹈）、夢、幻想及編寫故事上所展釋的想像力，並且跟孩子交談與討論，以激發其創造力。

3.重視姿態、表情、語調等不屬於理性活動的溝通與回饋，透過它才能使孩子表達其情感和態度。

4.跟孩子遊戲和歌詠，以變化孩子的氣質、陶冶其心志。

5.以小組或團隊活動的方式，認識人際關係，培養負責及互助的精神。

6.父母要重視孩子個性的發展，欣賞其優點，接受他的弱點。

7.不宜強迫孩子說出秘密，揭穿他的隱私。

情感的發展與智能的成長，乍看之下是兩個不同的心理活動，但就一個人潛能的發展看，它卻是相輔相成的。就成功的生活來看，是一體之兩面。最近完形心理學家提出所謂完整的教育（confluent education），就是為了教導健全的下一代，把情感範疇（感情、情緒、態度和價值）和智性的範疇（如智能和認知活動）加以整合編訂課程，相互配合教學。因為只有這樣才能發揮人類的天賦，過創造性的生活。

8 創造力的引導

你希望你的孩子有很好的創造力嗎？我想答案是肯定的。我再問你，你認為孩子的創造力是天生的嗎？你可能會說「是！」因為你認為創造力這種無從捉摸、無從理解的靈機，確實難以學習。但是心理學家則告訴我們說，不要悲觀，它雖然無從學習，卻可以培養。現在我們來討論父母親應怎樣培育孩子的創造力。

社會不斷地進步，但是待解決的新難題仍然層出不窮。因此，每個人似乎只有發展創造力，才能把自己帶向成功，否則就要面臨挫敗和適應不良。

創造力並非只表現在科學研究上的發現，或發明新的技術或產品上。它同時也是處理日常事物的智慧。簡單的說，生活上林林總總的問題，都需要創造力來處理，才有圓滿的結果。

一般說來，創造是指新的創作和發現，它並不限於特定範圍。因此，畫家作一幅畫，音樂家譜一首曲子，武器專家發明一種殺人的武器，科學家發現新的科學理論，心理學家發現新的人際關係歷程，乃至家庭主婦發明了新的醬油，孩子寫出第一篇創作小說或童詩，有效處理一件偶發事件等等，都是一種創造。

心理學家羅吉斯說，創造是一種突然的發現和新創作，其過程是一方面來自創造者內在特有的本質，另一方面是生活中人、事、物及環境的啟示與激盪。現在我們從創造的動機、內在條件、創造行為及促進創造的條件等方面，討論如何培養孩子的創造力。

創造的動機與心理條件

每一個孩子都有一股好奇的衝勁，它引導孩子實現自我，並發展其潛在的能力。它逐漸引導孩子發展與成長，增強他所需要的能力。但是創造力可能因為受到嚴格限制，而蒙上一層心理防衛機制，不敢表露出來，而使它消聲匿跡。不過創造力並不因此消失，只是在等待著適當的時機和條件而展釋出來。也就是說，當孩子對環境重新調整其關係時，又能表露出創造力。

創造是在一種開放的心胸中進行，一個人是在沒有成見和壓抑下才能創造。正因如此，創造者本身必然是清醒的，創造的本質就是一種建設性。創造對於一個人而言，是一種喜悅，也是一種追求自我實現的自然表現。

孩子本來就具有創造的天性，他們經常敞開心胸，毫無成見地感受周遭的事物。他們沒有權威的壓力，沒有既成事實的成規，於是一種自由追求實現的好奇心，點燃了他的創造活動。孩子總是有許多新穎的想法，不管他是對的或錯的，都是追求自我實現的表現。如果父母親對孩子的好奇心加以壓抑，限制他去嘗試，或直接告訴他答案，那麼孩子即刻從創造活動的歷程中潰退下來。

父母親不妨讓孩子有自由嘗試的機會，只要孩子的嘗試不危及安全，要多多鼓勵創造性的試探。

孩子進行創造活動有其心理條件。父母親若要引導他們從事建設性創造活動，必須注意以下原則：

1.引導孩子不受成見束縛。固執成見會使孩子失去創造力所必要的心理情境——醒覺。如果我們經常教孩子只做判斷與評價，而不引導他觀察、比較、分析、感受與探討，孩子就很可能以判斷代替分析與發現。如果我們只要孩子記憶原則而不教導其過程，孩子就失去開放已有的經驗，去接納新經驗的態度，從而阻礙思想的延展性。比如說：我們常常告訴孩子，葉子是綠色的，因為它含有葉綠素。考試的時候老師問孩子，葉子是什麼顏色，孩子毫無疑問地答「綠色」。當然，老師和父母都會說對，事實上也對。但是樹葉都是綠色的嗎？有沒有例外？為什麼？此外，同樣是綠色的樹葉，為何顏色深淺不同？為什麼？從這個例子，我們很清楚地了解成規與成見障蔽了孩子的參透悟性。

2.不要把孩子管得太死板。受限制太多的孩子，失去了好奇心。此外，也不能讓孩子感染太多的懼怕。懼怕往往抑制創造的主動性。

3.養成孩子內控的價值觀念。也就是說，孩子需要有獨立思考的習慣。如果孩子以「追求別人的讚美，逃避別人的批評」為價值導向，便容易失去創造力。創造力是在感受與行動中展現出來，而使自己感受到實現的滿足。孩子如果養成為接受讚美與逃避而附和的習慣，創造力就無從發揮。

4.養成「把玩」事物形成的因素、緣由和變通觀念的習慣。這樣才能使孩子整理假設、發現問題的癥結、顯露其趣味，並掌握問題的變化與多面性，從而看出事物的端倪。

孩子的創造力受內在的心理動機與心理情境的影響很大。我們無從教他創造或發現什麼，我們唯有順著好奇與自我實現的天性，加以誘導，從而培養其創造性的思考和態度。孩子的創造行為有其特殊的醞釀過程和內在的活動，是在自己的內在經驗與外在經驗相互激盪下，開始進行創造活動。創造活動本身具有一種選擇性，他在許多因素當中，選擇了他屬意的因素，那是他對真實現象的感受。這種感受屬於他自己特有的選擇。孩子是在選擇的因素上，發現新的原理，創造新的事物。

父母親如果經常牽著孩子的思考方式走，創造的行為也就受到限制。教育學家鼓勵孩子獨立思考，用自己靈感的觸鬚去品觸真理是有其原因的。反之，把死記原則視為真理，必然阻礙孩子創造力的成長。

創造者往往有一種孤獨又能自我肯定的感受。他會對自己說：「這就是！」「我已發現！」「這就是我想表達的！」這種肯定中帶著孤高的感受，似乎要從自信心中培養。你要給予孩子自由摸索的機會，要有雅量接受並肯定孩子的發現，這樣才能鼓勵孩子創造。也許孩子的發現在大人看來是錯的，不過，我們不應否定其創造的事實，而要鼓勵他多做嘗試。事實上，創造的玄機就藏在你認為錯，別人也認為不可能，而創造者卻認為可能的情境中。

孩子的創造與發現，總希望跟別人溝通。但他又不得不忍受自己與別人看法不同的焦慮感。因此父母親不妨教他把發現和意見記在自己的筆記裡，讓他跟自己溝通，從而自己鼓勵自己做更深入的思考。

激發創造力

我們已說明了創造的本質，並提出幾點建議。現在我們要從心理需要與生活情境討論激發創造力的條件。這些條件，正是父母必須注意安排給孩子的生活情境。如果我們把創造力比喻為種子，那麼這些條件就是孕育種子發芽成長的土地。根據羅吉斯的研究，發現創造時有兩個重要的外在條件，其一是提供孩子心理的安全感；其二是保持孩子心理上的自由。具體的說，父母親提供孩子的學習環境與氣氛，必須能維護孩子心理的安全與自由。然而，父母親要怎樣提供孩子安全感呢？羅吉斯提出了三個原則：

1. **毫無成見地支持孩子處理事物的意見**。孩子有其主觀的發現和看法，若予以抹殺或壓制，創造行為可能中斷。比如孩子繪畫，把狗的頭畫得比身子大，那可能是一項主觀的傑作。你只要誠心欣賞他、接納他，就可以引發下一次的創造。如果你嫌棄他、批評他，創造行為即會停止。創造行為是在孩子發現事、物對他的意義時才顯露出來的。

2. **保持不做評價的氣氛**。父母親不宜用自己的觀點批評孩子。因為批評會使創造的動機停頓下來，並且造成一種防衛心理，把真知灼見或難得的發現予以扭曲壓抑，而附和一般的常識。批評如果來自具有權威的人，更容易引導孩子放棄己見，討好批評者。例如孩子佈置自己的書房，可能有不符合父母親的意思。但是如果你了解到孩子是在用心創造，就能保持不評價或批評的氣氛，而增強孩子的創造活動。不過，父母倒可以對它表示自己喜歡或不喜歡。因為父母表示喜不喜歡，是表達自己的看法，但並沒有否定孩子的創意。

3.充分了解你的孩子。了解孩子可以提供孩子安全感。父母親只有接受孩子的創造顯然不夠，必須積極了解孩子，共同感受某些觀點，進入孩子的內在世界，引起共鳴。這種氣氛能建立安全感，促進創造的動機。

心靈上的自由，是導致孩子熱中創造活動的重要條件。孩子心靈上的自由，受外在生活環境的影響，通常父母親能給予自由思考和表達情感的機會，就能引發他的創造力。當孩子的自由表達受到社會規範的限制，而不能任其發揮時，父母親可以採取象徵性的自由表達。比如說讓孩子從表演戲劇中摧毀討厭的對象，用繪畫表示他的反叛。允許他自由地做象徵性表示，有助於心靈自由與思考的啟發。

給予孩子自由，並不是對孩子妥協，也不是放任。其實妥協與放任會導致創造活力的枯萎。自由能培養孩子的責任感，他竭力想實現夢寐以求的目標而無懼於冒險，那就是責任。為了實現自己的目標，他必須忍受失敗的打擊，那就是毅力和恆心。自由的心靈，不但孕育了孩子的創造能力，養成了負責的態度，也發展出獨立思考和批判的能力。

性靈的陶冶

人類不是只有生活在現象界裡，同時也生活在性靈的世界裡（nonsymbolic level）。人類不只要創造事功，而且要善待自己。能善待自己的人，對於創造活動也必大有幫助。因此麻省理工學院開始重視性靈的陶冶和人性的陶冶。

科學和工程的教育是現象界的領域，但是我們卻生活在雙重世界裡。我們除了活在現象界裡，同時生活在非現象世界裡。非現象界的性靈生活，卻是我們體悟安身立命的所在。

為了使孩子能生活得幸福，並適應這兩個生活世界，我們一定要重視非現象層次的教育。它是一種不屬於語文的生活範疇，是人類想像、情感和種種感受的組合，同時也是創造力的來源。

我們知道，許多能力不是用語言能傳遞的。比如說，你教給孩子許多道德規範，卻往往不能引發實際的道德行為。又比如說，我們常常會不由自主地失去控制，而生活在孤寂、無奈、煩躁、怨恨、仇視和嫉妒之中。我們何嘗不想從心理生活的困境中解脫出來，但是往往辦不到。因為我們失去了創造力，失去了淨悟超越的能力。

佛經裡頭記載著一則故事：釋迦牟尼佛有一次上壇講道，他一語未發，只是手中拈了一朵花。這時全場聽眾不知何意，只有大迦葉對這位聖哲報以微笑，而釋迦也回以微笑。聽說就因為師徒間這場微笑，傳授了禪悟的道理與方法。這個非語文的性靈教學，所傳遞的是一種非語文的智慧，是一個醒覺——自己的醒悟。從禪的起源，不難了解禪學何以要強調「教外別傳，不立文字，直指人心，見性成佛」的禪學法則。人需要有一個淨悟的能力，它使我們參透現象界複雜的表面，直接看到事態的真相，並使自己保持清醒。這樣就能帶給自己心靈的自由，產生活潑的創造力。茲建議啟發孩子性靈的原則如次：

1. 給予孩子純樸的生活環境。它有助於孩子淨悟能力的陶冶。

2.給予孩子表現天真活潑的機會。多陪伴孩子歌唱、吟詩、舞蹈、美勞和運動，從而表現其純真，敏銳的感受性也可藉以培養起來。

3.懼怕、堅強和心理的不安，往往使一個人的感受性受到蒙蔽。不要威脅孩子，製造緊張與不安。和諧民主的家庭，對孩子性靈的啟發最為有益。

4.練習禪定、冥思或超覺靜坐，對孩子性靈的提升與精神統一確有幫助。但這必須經過專家的指導。

5.生活中人際關係的相互回饋，有助於人際的醒覺，彼此分享人性的經驗如溫柔、愛、恬淡、喜悅、同情，有助於孩子情感生活的醒覺。

對孩子的教育，必須同時注意內在心智反應與外在種種現象的醒覺。父母親在這方面，仍然必須透過對孩子施行感受性訓練，才能達到目的。

內在我與創造力

每個人的心中都有一個內在我，也稱為主觀我。它是每個人發動情感、認知、意識的動態性力量。它主動引導一個人在生活中做各類回應，並以靈感、夢、直覺和幻想等方式表現出來。

內在我是屬於非理性心靈範疇。它被宗教家視為真我，或者把它當作神祕啟示的來源。但根據心理分析學理論來看，都認為它是心理活動的事實，與文化、社會及個人以往的經驗有著密不可分的關係。

內在我經常主觀地影響自己對周遭世界的感受與認知，因此使每個人對不同的遭遇和事物，產生不同的認知和判斷。內在我具有非理性的神秘功能，因此有些心理學家稱它為內在心理領悟的根源。它是導引一個人產生精闢的見解，或驚人的預感和觀察力的主使者。因此內在我被許多心理學家認為與創造力有關。

根據加州大學心理學家巴容（F. Barron）的研究，創造性的人具有下列三種內在我的特質：

1. **具有以簡馭繁、梳理龐雜的傾向和興趣**。創造者特別喜歡複雜事物的挑戰，並且很樂意發掘其理則。有時他們也會被難題弄得滿頭霧水，但他仍然會有一種統整的想像去處理雜亂無章的現象，而理出端倪。

2.他們的心靈經常保持開放，並且拒絕驟下結論。心理學家榮格（Carl C. Jung）指出，通常人們處理事物表現出兩種不同的方式，其一是採取知覺的態度，把事情弄得一清二楚，其二是採取判斷，對事項做個評斷。判斷者採取有秩序和審慎的計畫性生活，其思想閉鎖。知覺者採取開放心態，接納自己內在世界的想像和外界的事象與經驗，能產生自發創造性思考。

3.創造往往基於直覺、預感、靈機或不可思議的感受。創造源自不可思議的非理性層面。理性的思考和邏輯只是整理發現事象的工具，並予以證實。根據巴容的研究，科學家百分之九十的發現是來自直覺。

就巴容的看法，內在我是創造力與內在心理生活世界的核心力量。因此，孩子的內在我應予以培育，不過怎樣才能培育良好功能的內在我呢？我參考了一些超心理學的研究報告，建議如次：

1. 對內在我的培育，不是來自精密的教材和練習，它無法急就章，必須經過長時間的陶冶。
2. 讓孩子接觸多方面的學習經驗，豐富他的內在我。
3. 注意思想的過程，而不應強調知識的記憶。
4. 提供孩子自行嘗試與摸索研究的機會，引發他思考想像和創造。
5. 協助孩子做些獨立學習和自動學習的工作。
6. 不拿自己的孩子與別人比較。

最後要提醒一件事：雖然創造力是在自由的心靈、安全感的呵護和良好的想像活動中出現的，不過直覺只是創造的先鋒，直覺的後頭必須有紮實的智能訓練和知識。沒有邏輯與知識，直覺給我們的「點子」無法被證實，也無法變成有用的發明。

孔子說：「學而不思則罔，思而不學則殆。」他已經把學習與創造的差別，說得淋漓盡致。

9 想像力的培養

奇想和想像是人類心靈深處所發出的重要而微弱的訊息，它稍縱即逝。如果我們不特別留意它，便無從了解它。當然它也就無聲無息地消逝了。奇想和想像是一種超覺經驗，如果我們能保持心靈的清淨，不受焦慮、懼怕和不安的干擾，它就會源源不絕地提供你生活智慧和精神力量。因此，父母親對孩子的奇想和想像，不應加以遏阻，相反地，要做適當的啟發。

有些心理學家認為，孩子的超覺經驗，特別是奇想和想像，應列入教導重點。因為它使認知與內省結合，發出最聰慧的靈感。心理學家紐曼（H. H. Newman）指出，對於超覺經驗的啟導，不僅能引發孩子人格的健全發展，同時也提供了自我了解和創造力的契機。孩子能了解從心靈深處捎來的訊息，對其心智發展是很有幫助的。對於孩子超感經驗的教導，所使用的方法是引發而非灌輸，是醒覺而非傳授。父母在教導時，只要能欣賞他的想像，分享他的奇想，就能導致良好的發展。

培養想像力最好的教材就是孩子本身，並隨時以他的生活作為題材進行教導。當然，也唯有以孩子自己和生活當作題材，教導才會變得生動有趣，對心智發展有益。以下分別從想像、作夢、奇想、冥想和直覺五方面加以說明，提供意見作為教導之參考。

激發孩子的想像力

如果我們讓自己靜下來，就會發現雜念不斷地浮現出來，其實這些雜念與想像很難分得開來，兩者都是一種內在浮出來的訊息。許多新的觀念和發現，都是由內在浮現出來的。所以心理學家把這種由內浮昇出來的臆想，稱為一種世界語言或臆想語言，也是人類智慧與創造的寶庫。心理分析學家榮格則將它稱為潛意識語言，它表現成夢、幻想及各種冥思。

對想像力的重視，是現代教育學家的共同看法。因為它確能引發孩子活潑的創意和靈感。例如許多國小採取藉詩作畫的教學活動。孩子在讀過一首詩之後，根據自己的想像，畫出內在世界的影像。或者有些學校使用神往的方式，讓孩子想像自己就是某種動物或對象，寫出自己的感受。

我們經常看到小學教師在作文課時，以「雲的自述」或「小鳥的自述」為題讓孩子作文。這類題目對孩子想像力的陶冶具有很高的價值。

對於年級較高的孩子，我們可以用想像訓練加強思考與創作能力。比如說，孩子的作文題目是「論民主政治」，這對於一個普通的孩子往往發生思路困竭，寫不出文章來。但如果應用了想像力，把民主比喻為自己的身體，就可能想像成一個有系統的思路，例如：

個人（想像）	**民主的社會**（想像後得到的線索）
健康	健全的制度和功能
細胞	個人

器官	分工合作
學習	教育
行動規範	法律與秩序
幸福	富裕的社會
疾病	失調與改革

根據這些思路，孩子就能寫出一篇相當水準的文章。許多發明和創作都是從想像中激發出來的。比如說，愛因斯坦想像自己以光速飛入太空，這個想像促使他完成了相對論的某些要點。而法拉第是電磁學的發現者，他經常想像自己是一顆受壓力的原子，因而看透了電解的原理。

對孩子而言，想像自己未來的成功，有助於提高學習的動機。一個人做功成名就的想像，會促使他發揮創造力以實現心中的目標。

不過，父母親必須了解，創造力和成就動機固然源自想像，但並非所有的想像都能化為創造力。這裡有一個原則必須鄭重告訴父母：想像如果與懼怕結合，就會變為強烈的緊張與焦慮，對心理健康有害。反之，想像若能在悠閒中神馳，配合針對某一待解決的事實，創意就跟著出現。正因為如此，我一直強調，不要製造孩子的懼怕。

夢也是教材

你相信夢可以當教材嗎？答案是肯定的。因為跟孩子討論夢，不但有趣，而且能促進想像力和心理健康。父母親在早餐的時間，或者在空閒的時候，傾聽孩子說說自己的夢境，由孩子自己解答夢裡頭的許多有趣問題，既能了解孩子，又能促進孩子的思考。

父母親不是專業的心理學家，用不著為孩子解夢，也不必瞎猜，更不要把它跟一般迷信扯在一起。你唯一要做的是，讓孩子說下去，表示你也很有興趣，引導他把心中的話說出來，孩子自然會有自己的深度領悟。這種領悟可能導致兩種很好的結果：其一，增進孩子自我了解，由自覺中發現自己，激發創造力。其二，紓解受壓抑的情意，有助於心智的成長。

夢，在許多心理學家的眼中，認為它是極豐富的智慧資源。根據心理分析學的研究，夢的本質有三：第一，所有的夢對作夢的人來說，都具有意義和價值。第二，夢藉著象徵式的語言來表達，不受現實邏輯和時空支配，而受熱情與聯想所左右。它很難直接了解，但透過作夢者的思索和聯想，自己可以領悟個中的心理動機和自己洞察事物的創造力。第三，夢不但表達了非理性欲望的滿足，同時也表達美好的理性思考和道德意識。基於以上的理由，心理學家克拉克（F. Clark）鼓勵父母親要重視孩子的夢，利用它啟發孩子的意識世界。

根據弗洛姆的研究分析，夢具有下列幾種意義或功能：

1. 預見事物的功能。在睡眠時繼續思考白天的問題，因而預見問題的答案或結果。許多學生都有在夢中解答數學習題的經驗，他們清楚地做了解答。不過有些人沒有及時記下來，到了第二天又遺忘了。

2. 價值判斷的功能。在作夢時以夢的方式做了道德的判斷，告訴自己是否做得對。不過這一類的夢，經常以象徵的方式出現。必須在親子輕鬆的談話中自行領悟。父母親不能替他做推斷或下結論。

3. 洞識的功能。這是夢中的創造活動，例如苯環（benzene ring）的發現者卡克爾（F. A. Kekulé），是十九世紀德國化學家，他對苯的分子式百思不解，最後在夢中夢見一條頭咬著尾巴的蛇，醒來時領悟到苯的分子式是一個環。

4. 欲望得不到滿足的補償。例如受到饑餓的人，會經常夢到食物。渴望得到某種玩具的孩子，會在夢中得到它，而獲得心理上的滿足。

父母親知道這些夢的功能之後，便應該重視孩子的夢，多鼓勵他們記下夢境，多聽聽他們的美夢或惡夢。這不但能幫助你了解孩子，也增加許多學習討論上的情趣。

茲建議幾項原則供你參考：

1. 給孩子機會討論或敘說夢境。

2. 你是很有興趣的忠實聽眾，不妄加推斷，結論由孩子自己發現，也未必一定要有結論。

3. 不必為孩子解夢，更不該與迷信的解夢扯在一起。

4.夢很容易遺忘，你可以鼓勵他一早起來就記下來。

5.把這種「說夢」的活動當作有趣的交談，不要把它當作業。

在孩子的生活中，一切事物顯得美妙動人，各種嘗試都想做，因此父母親會給很多的限制或處罰。這些被抑制的情感和意念就落入潛意識的底層，只有在夢中才出現。父母親如果有機會讓孩子「說夢」，則有助於孩子的心理健康。

奇想

孩子是在奇想（fantasy）中成長，奇想帶給他們樂趣，供給他們想像力，同時還引導他們產生探討和預見的能力。

奇想是透過父母引導來進行的。要孩子根據一個情境去想像，並說出感受。想像時要輕鬆、專心，不要被打斷，要把它當成一個遊戲，對孩子較為有益。比如說你出這樣一個題目：

1.你想像你是一顆種子，在地上發芽成長。你是什麼植物？你在成長過程中對四季的經驗怎樣？你紮根的經驗怎樣？你的根、莖、花和葉如何？各有什麼經驗？你對太陽光的感受如何？對風、雨的感覺如何？設身處地把自己當那棵植物來加以想像。

2.你站在山腳下正準備登山，山很陡。接著做奇想。

3.你走進山林，看到一個很深的地塹，走到深處則見一片火海，旁邊坐一睿智的老人。接著做奇想。

父母親用這種引導性的情境，讓孩子接下去做奇想。它往往能導引孩子內心的情感和灼見，並能有助於孩子自我了解。在進行中，要讓孩子以自然的方式發展他的想像。不過，有一點必須注意的是，恐怖或具有威脅性的主題，最好避免使用。

直覺

直覺的感受，經常蘊藏著真知灼見。在玄學家的觀念下，直覺是一種超感的、情緒的、理性的心理意識，它可能導向一項真理的認知。而且，直覺經常與夢、冥思和其他意識的感受相伴出現。直覺經常是短暫而且自動閃現的出現，而不是從推理尋思中獲得。

直覺臆像的一閃，往往是人類發掘真理最豐富的來源。但我們卻常常予以忽視，在教育上一味強調智能，以為智能才是開展潛能的唯一重點。無可懷疑地，智能、推理和知識的教學是重要的，但是直覺的訓練對孩子而言一樣重要。

心理學家魏爾（A. Weil）指出，歷史資料不斷告訴我們，聰明睿智存在於對真理的直接訊息上。因此我們有必要重視它，以便保持心靈的正常活動。輕鬆和專注是使我們從自我意識中解放醒覺，並帶來直覺知識的最佳方法。它們也是真正打開心扉，讓心智能不斷衍生新知的有效途徑。當然，想像也是人類引發直覺，而綻開智慧與創造的方法之一。這些方法在藝術的創造與科學的發現上，卓有價值。

現代的教育觀念非常注重潛能的發展，因此有關孩子的直覺訓練漸漸被接受。基爾德（R. Gerard）指出，直覺訓練最初的練習是：兩個彼此不相識的人，面對面坐著。讓他們有幾分鐘的鬆弛、靜默。然後靜靜地注意映在你跟前的人，對你所引起的感受、情感和想法。不要解釋或者故意規避，只是單純的注意它。注意任何從你腦際、視野、聽覺或運動感覺的臆像。然後捫心自問以下問題，來引發你的臆像。如果他是動物（或植物）他會是什麼動物（或植物）？假使他是光線，它會是什麼顏色和強度？他會是什麼樣的聲音？假使他是大自然的任何一部分，他會是什麼品質？

練習直覺必須不怕錯，而且要從心中直接泛起一些臆像，這樣才能練習引發有用的直覺。直覺未必是對的，但是直覺能給我們許多「點子」，從點子裡再篩選，加以證驗。

直覺大致可分成兩大類，一種是基於感覺線索的直覺，另一種是無需感覺線索的直覺。訓練孩子每天傾注自己的感覺和情緒經驗，不止能使一個人提高直覺感受的程度，同時也能提高「自覺」（self-awareness）。因為它有助於孩子的自由抉擇行為之發展。另一種直覺是純粹直覺，這種直覺是一種能洞察自然事物，能超越於時空之限制，而體察事象。

孩子都有一種直覺的能力，不管是感覺直覺或純粹直覺，父母親應該有耐性去認識它，讓他們表達。用寓言、繪畫、美勞或創作，都能引發他的直覺靈感。

冥想

關於冥想或冥思（meditation）是什麼，最近已比較受到重視。同時也有少數學校開始嘗試教導孩子冥思。在這一節裡，我不是在傳授冥思，更不是傳播冥思的觀念。我的用意是新一代的父母不可不了解冥思是什麼。也許有一天，你的孩子回來告訴你，他要學超覺靜坐（transcendental meditation, TM），你才不會做了一些錯誤的引導。

冥思是通往超經驗（transpersonal experience）的坦途。要進入冥思，大致可歸納為三個基本的途徑，即專注（concentration）、空（emptiness）和自我的觀點（self-expression）。

1. 專注是靠導注於身外的單純物或顏色或聲音，由於專注而神入，進入一種安定忘我的心境。
2. 空無是萬緣放下，什麼都不想，而入於靜定。但事實上這很難，所以有些指導老師另尋代替方式幫助學者入定。

3.自我觀點是專注於內在的自己，無需壓制自己的思想和臆像，只要思緒泛起，使不加推論或判斷地，如原來的樣子察覺它，而使其浮現意識層面自然消失。

至於如何進行冥思，應由有經驗的教師教導。

孩子學習冥思，究竟有什麼好處，我想這才是父母親關心的事。根據一九七〇年史丹佛大學「創造智能科學」課程對超覺靜坐的研究，發現它是一種自然的方法，可使心靈得到較精緻的體驗，體驗到思想的更深層次，達到思想的最精細狀態而超越，接觸思想的源泉、無思的醒覺和純淨的智能。在生理上，哈佛大學醫學院在一九七二年亦曾發表研究結果，發現它對身體健康確有助益。

紐約艾徹斯特公學（Eastchester Public School）透過「創造智能科學」課程，教給學生超覺靜坐，經過研究發現下列結果：

1.學生的成績提高。

2.學生與學生相處的和諧情形好轉。

3.學生跟教師與父母相處的和諧程度提高。

4.濫用藥物減少。

此外，學習超覺靜坐對於戒除濫用藥物亦有明顯助益。貝思和華斯（H. Benson & R. K. Wallace）發現，一千八百六十二名受試者當中，有百分之七十九的人吸食大麻煙，經過六個月的超覺靜坐後，只有百分之三十七的人繼續吸食，但到了二十一個月，已減低到只有百分之十二。這些未戒除大麻煙的受試者，有百分之八十三的人吸食量比原來減低很多。美國麻州教育廳也支持學區內傳授超覺靜坐，用以戒除學生吸食或施打麻醉藥品，效果也很好。

有關冥思的課程，除了超覺靜坐之外，尚有瑜伽、禪定等，這些心靈訓練課程對人類心靈陶冶均頗有益處。當然，我的意思不是要你督促孩子也去學。若要學習它，必須正確得法，找合格有經驗的老師指導，不宜自行胡亂摸索，或者對孩子做出錯誤的導引。

第四篇 教導孩子的藝術

父母對子女的愛，是透過有效的教導方法，引導孩子，啓發孩子，以促進其身心的成長。教導的方式和技術，決定了愛的品質。在親子之間，愛之適足以害之的情況並不是沒有；愛之深責之切，而導致親子對立者比比皆是。因此，教導的方法，是每一位父母學習的重要課題。

教導的目的不是為了管理孩子，不是要他服從命令，遵從庭訓，也不是阻止他惹麻煩；而是要他在疑惑中學習醒覺，在失敗中吸取教訓與經驗，在日常生活中認知與成長。所以教導本身就是接觸孩子的錯誤與失敗，並引導他走向成功。要他面臨未知的困境，從中學會待人處世的能力。父母要在孩子學習與成長過程中，容許並接納孩子的錯誤，但期待著透過教導，使孩子走向成熟。

教導方法很像一種烹調技術，你用來教導孩子的種種計畫和材料，就像廚師的烹調材料。你調配得好，就能做出好菜，讓孩子的心靈享有美食，孩子也就一天天健全的成長，顯露出活潑、朝氣和睿智。反之，若把原本很好的材料，糟蹋成不堪入口，那就不能責怪孩子不受教了。

中國人自古以來就有一種觀念：養子不教是父母的過錯。孩子跟母親之間有著與生俱來的子宮締結關係，所以才有母子連心之說。孩子跟父親則存在著倫常的相屬意識，所以有舐犢情深之喻。如果子女長大，因為沒有接受好的教導，而生活於顛沛困境，適應發生困難，父母都會因此而心酸落淚。子女是你延續後代的生命現象，當你看到他走向成功時，你會發現自己感受到無比的豐足和得意，那就是生命意義的一部分。

你的孩子正期待著父母之愛，他得到你正確的愛而成長茁壯，這就是倫常的意義，是兩代互相平衡的生態契機。講求教導的方法，才能真正把你心中的愛傳遞出去，溫暖孩子的性靈，點燃光明的生之希望。

10 做一個稱職的父母

一個人想做父母並不難，只要結婚生子，或者認養孩子就成了。但是要做一個好父母，就不是那麼容易了。古人說「天下無不是的父母」，這句話乍聽起來，父母好像很好當，但是倒過來想想，就不得不省思一下自己是否做到「沒有不是」。

比如說，父母親自己不以身作則，不循規蹈距；平常生活懵懵懂懂，游手好閒，不重視公共秩序道德，孩子當然也就仿效學習。日積月累，父母的身教不好，約束困難，孩子就很容易誤入歧途。這又怎麼稱得上是「沒有不是的父母」呢？

曾經有記者訪問兒童文學作家林良，有關怎樣當一個現代好父親的意見，他提到三點：

1.讓孩子有自由發展的機會。
2.要常常反省，避免傷害了孩子。
3.能夠跟孩子做一個永久的朋友。

我認為林先生所談到的，已經涵蓋了做一個好父母的原則。這是很值得現代父母時時自勉的三條教子銘訓。現在我要針對怎麼做個好父母，提出一些具體的建議。

當然，做父母的人，第一就是要有愛心，要打從自己言行舉止中流露出來，像光一樣照亮自己的孩子，孩子才會有個光明的人生。父母之愛表現於對子女的關懷，對其成長的需要負責，尊重其個性和彼此之間的了解。不過要有這樣的表現，必須具有以下幾個條件。

耐心

無論你的孩子是男是女，是內向或外向，是活潑或文靜，資賦高或低，體能好或不好，都絕對需要你的耐心關注。有耐心才能發覺孩子的成長情形和需要，有足夠的時間發掘其優點，有效的鼓舞孩子的學習動機，才不會因為一時的憤怒，傷害孩子的自尊和安全感。

耐心的教導孩子，有助於培養平心靜氣的習慣。平靜不只是一種美德，也是孩子將來能夠穩紮穩打，水滴石穿的性情根基。

什麼叫耐心？耐心是你能等著，讓孩子把話講完。在責備孩子之前，騰出時間，把事情弄清楚。請記住！沒有讓孩子把話說完，就自以為是的答覆孩子或責怪孩子，是父母的毛躁，孩子很快就學會你的毛躁。沒有耐性把事情弄清楚，率爾下批評責罵孩子，就會傷害孩子。孩子將來也會跟你一樣急躁。

比如說，孩子從學校放學回來，興致勃勃地告訴父母說，他在學校看到豆子發芽的經過，不到幾分鐘就從一顆豆子長成綠油油的豆苗。有些父母親可能直覺的反應道：「少說瞎話，那簡直是騙人！」或者說：「你什麼時候學會撒謊！」等到孩子很認真地辯駁說：「我是在學校的電影裡看到的。」父母親則又很可能說：「傻瓜！那是電影，是假的！是攝影師拍下來的！」所有的對話，急急躁躁的就此結束。孩子被弄得滿頭霧水。更糟的是這段交談使孩子得到兩個觀念：第一，學校的電影所告訴他的豆子發芽過程是假的。第二，我好笨。

就這個例子而言，父母親應該有耐性地聽完孩子的說明，然後告訴他整個發芽過程是經過長期拍攝和「縮時技巧」與剪輯之後，才製作出來的影片，事實上，豆子長得很慢。另一方面你還可以向他解釋「縮時技巧」是什麼。

耐心地聆聽孩子的陳述，你會發現孩子的好奇心美得像晶瑩剔透的珍寶。他們確實能夠協助你學習到以前你沒有注意過的問題。同時能使你有機會協助孩子，打開他求知的心扉，而喜不勝收。

父母親對孩子的誤導，最常見的原因是由於急躁。比如說，孩子弄得滿身污泥，從外頭回來，大部分的父母會怒目責難，不問為什麼，就罵得驚天動地，說他像豬！像沒有人管的「小乞丐」。其實，你只要平心靜氣的問他，孩子可能會告訴你他們玩了一個非常精采有趣的團體遊戲——躲貓貓。連你聽了都會因為情節的滑稽而捧腹大笑。

請記住！孩子是在歡笑中學習和成長。快樂往往存在於那些小事情之中。這就是最活潑的生活教育。

做父母的當然也不是聖人，更不是神。由於工作的繁忙和生活的緊張，為孩子不聽話或不守規矩偶爾發脾氣是免不了的。但這並不能影響你的耐性。脾氣偶爾發作，一旦過去，就必須像雨過天晴一樣，讓孩子正常地陶浸於你的煦陽春風之中。

有節制的發脾氣，使孩子品味到「道德權威」的訊息，這是孩子將來能夠向上和表示負責的砥礪。在我的輔導經驗中，許多孩子被嬌生慣養，從來不給他一點強制和責任，沒有接受過父母生氣時傾盆甘霖的洗禮，而變得「道德無能」。他們只有享樂，不知道責任，或者懦弱得無法承受打擊。

請記住！你可以生氣，但不可以粗暴不講理。你可以生氣而訓斥孩子，但決不可以傷害孩子的自尊和信心。

孩子的心智成長不是一蹴可幾，因此你要有耐心地去開導他。在教導過程中，父母的耐心就是孩子成長的力量。不要因為對孩子一再叮嚀而仍舊犯錯就因此失望，你一定要有耐心地再教他一次，並細心地發現再犯同樣錯誤的理由，而改變你的教導方法。比如說，孩子在做作業時，經常會粗心的把題目看錯。你已提醒他很多次，還是一再犯錯。這時你要保持耐心，仔細觀察他工作的過程，發覺犯錯的原因，加以指導。萬不宜只是一句：「你怎麼搞的！老是這麼粗心！以後一定要細心！知道嗎？」這樣就是草草結束一次極為重要的學習指導。

孩子細心與否是一種工作習慣，它有待父母親耐心的觀察，找出犯錯的癥結，嚴格予以糾正。許多人的失敗源自粗心，卻推卸責任，把它推給上帝或命運。父母親一定要耐心地教導孩子，避免孩子染上這種推卸的習慣。

耐心地觀察孩子，仔細發掘孩子的優點和缺點。對優點給予鼓勵，對缺點給予有效的指導，這是成功教導的一項原則。不過你必須注意，父母親不是偵探，成天在偵察孩子，揭露孩子的隱私。

父母親是否有耐心，跟自己的心理生活空間有關。不過心理空間是可以爭取的，只要你提醒自己「別急！」「待會兒再罵你！」你就不會為孩子的事情氣急敗壞了。

安全感

缺乏安全感的父母，是導致教導上一再錯失的重要原因。不安全感不但會影響孩子的心理健康，也會影響孩子的適應能力和學習態度。因此，父母必須具有安全感，才能夠把孩子教好。

缺乏安全感的父母，最明顯的教導行為特質是限制孩子的活動；過分驕縱孩子，以致孩子缺乏獨立生活的磨練；孩子經常留在家中，缺乏冒險活動，連上學都由父母親接送。這些孩子往往不知道真實的生活是什麼，他們最容易整天看些奇幻小說，收聽電視和音響，只知道向父母拿零用錢，而不知道什麼叫責任。

許多父母由於自己缺乏安全感，而不讓孩子接觸產生自卑感的境況。例如避免比賽和競爭，很少給他足以啟發奮鬥向上的工作，結果孩子變得只憑個人好惡，而不能按原則行事，他們不但沒有克服困難的毅力，連最起碼的責任感也沒有。

怕孩子受苦，就會造成驕縱與溺愛。一個有安全感的父母則認為除非真正危及孩子的安全，他們教導孩子，凡是應該做的事，無論喜不喜歡都要做，凡是不該做的，就是想做也不可以做。

許多父母親從孩子七、八歲起便開始教孩子做家事。到了十一、二歲，除了能做打掃清潔工作外，已經能夠做飯洗衣服了。這對於放心不下的父母來說，可就難了。他們擔心孩子做飯會燙傷，怕切菜會割到手，顧忌孩子發生意外。結果許多應該讓孩子做的事都沒有讓他做。

當然，你教孩子做家事必須一步一步的訓練，一點一滴的學習。由觀察、講解、示範到練習，由幫助父母做到單獨做，由簡而繁。這並非短時間能訓練出來的，而是長時間教導的結果。但最重要的是：你必須放心地讓他做。

你沒有帶孩子上過市場買東西，孩子當然不懂得上市場。你不放心讓他獨自購物，就沒有機會完成購物的責任。曾經有一位母親對我說，孩子長大自然會買東西，用不著讓十一、二歲的孩子上市場。我告訴他，孩子所學習的不只是購物，更重要的是獨立性、責任和將來勇於面對現實的安全感。

父母不安全感的情緒很容易感染孩子，使他們也感到不安。當父母因為地震而嚇得面色鐵青、不知所措時，孩子也會因此感染懼怕，而對於應急的舉止六神無主。父母親若經常用不安全感的心態處理日常生活，孩子也會變得有些怯弱與神經質。

和諧

我所謂的和諧家庭並不是指父親按時上下班，母親在家裡照顧孩子，經濟狀況良好，平常督促孩子讀書，假日帶著孩子郊遊，歡笑滿庭院，親情溫馨多等等，一幅美麗的圖案。這固然勾繪了和諧的氣氛，但它只是一種現象。如果我們用它來說明和諧家庭，很容易引起一種假象，那種假象會不斷暗示自己「我家庭並不和諧」，而使大部分的人放棄創造和諧家庭的動機。

和諧絕非完美無缺，而是愛。為了完美無缺，有時使我們失去純真的愛。因為我們付出太多代價去維護那完美的假象，反而失掉愛。

我認為和諧是家裡每個成員互愛的表現，由於互愛的相互影響與感動，使孩子也學會了愛。在這互愛的行為中，孩子開始認同父母，向父母親學習，從而引發愛的情操。

在充滿愛的家庭裡，彼此之間所以能夠和諧，是因為父母不以強制的手段牽著孩子的鼻子走。父母親能夠尊重孩子的天性就是和諧。愛本身就是協助一個人成為他自己，而不是併吞一個人，使他成為自己的一部分。父母親有了愛的情操，就能耐心傾聽孩子的心聲，了解孩子，鼓勵他順著自己去發展。

當然，一個和諧的家庭，也必然存在著團隊精神的氣氛。家庭成員在互助合作中共同生活，最能養成彼此相互關懷和負責的習慣。在我們的社會裡，大部分的年輕父母白天都在上班，原本缺乏家庭溝通。但是不少家庭在下班之後，為了家事而鬧意見，父母間的爭吵和賭氣，帶給孩子嚴重的不安全感，並失去學習負責和互助的習慣。

和諧的家庭是一個活動力很強的小團體，除了時時保持互助合作之外，他們在意見的溝通及彼此相互了解上，具有良好的默契。我相信溝通的表情和語言是維護人際關係默契的主要原因。而和諧的家庭在溝通上必須把握：

1. 懂得聆聽和安慰別人。
2. 感受性好，很容易了解和體諒別人。
3. 不輕易責備和批評別人。
4. 不強迫別人接受自己的意見。
5. 保持喜悅和開放的心情。
6. 知道讚美和欣賞別人。
7. 對別人的談話保持興趣。

一個和諧的家庭，與經濟生活並無絕對的關係。它的重心是愛，而不是財富。愛是可以透過學習而獲得的珍貴情操。

和諧的家庭還意味著另一種涵義：父母親擁有積極的生活態度。他們具有穩定的情緒，樂觀和積極的思想。所謂樂觀，就是找出快樂的一面去看人生，去看問題，去培養蓬勃的朝氣與活力，去實踐新的目標，克服擺在眼前的困難。父母親有了樂觀積極的生活態度，就會對孩子有信心，給予自由發展和訓練的機會。充滿活力和自信的父母，必然能培養活潑向上的子女。因為身教所產生的認同是引導孩子走向光明面的最有效方法。

父母親千萬不要自怨自艾，愁眉苦臉。請記住！把愁眉苦臉改變成面對問題的思索，然後針對已做的決定全力以赴。你有困難，不必擔心讓孩子知道。相反地，你應該讓他了解你的困難。情況許可的話，可允許他參加討論，然後謝謝孩子的關心，並告訴他你將全力以赴，並且有信心解決這個困難。

在和諧的家庭裡，任何平常的事都是大家關心和表達愛心的機會，同時也是教導孩子的活教材。不和諧的家庭，由於每天製造心理生活上的污染，使每個人逐漸臨於窒息，那就談不上教育子女了。

踏實

做一個稱職的父母，還得具有踏實的態度。踏實代表一個人能落實地生活，沒有虛榮。他們能接納現實，承受種種挑戰，又充滿希望和喜悅。踏實的人，頗有任勞任怨的美德，熱心積極的工作精神。

踏實者經常抱著實現理想的動機，一步步在努力。能耐得住失敗的考驗，能任重道遠，生活的韌性特別強。因此，他們每天都在穩健地向前邁進。用「君子以自強不息」來形容他們是最恰當不過了。

我們一生中，最需要的就是毅力。古人說「士不可不弘毅，任重而道遠」，能弘毅才能「任重」，斯能「道遠」。但這種精神力不是讀書讀來的，更不是從道理中推演出來的，它是從父母和家人的身上，或者從故事中的典範學來的。特別是父母平常處世的態度和工作的精神，直接經過孩子的認同而成為孩子精神生活的一部分。所以父母必須踏實，如果你不做一個踏實的典範，只是用口頭說說，那麼孩子就會變得浮誇虛榮，受不了失敗的煎熬，更缺乏強韌的個性以創造成功的人生。父母親的踏實精神，從以下行為特質中表現出來：

1. 認真做自己的工作。你也許認為認真工作與否，孩子並不知情，事實上你是否認真工作，在你的言行中表露無遺。
2. 勤勞與簡樸。它使你劍及履及，有所成就，並從簡樸中表現出穩重而不浮誇，直接影響孩子。
3. 有始有終，萬不可在孩子的面前做出虎頭蛇尾的表現。
4. 家居生活不宜養成受人侍奉的習慣。孩子亦應養成自己照顧自己的習慣。請切記！一日受人服侍，便一日不能自強。

孩子的學習與成長，與父母親的生活方式與態度有關。父母親是身教的提供者，孩子心智與精神的成長，一生都在你身教的影響下。心理學家安德森（Christopher P. Andersen）曾經搜羅許多名人的回憶，發現他們的共同點在於：父母對他們一生的影響既深且遠。張春興教授針對國中和國小學生做過一項調查，亦發現學童的成績和品行，與父母的教導方式有極大關聯。我們可以肯定：稱職的父母，一定能教出優秀的子女。

11 教導的原則

我曾多次詢問許多父母對教導孩子的感想。有些人很無助的說：「現在的孩子太難管了，他們桀驁不馴，強詞奪理，執拗又不負責，常常把我氣得半死。」有些人則皺著眉頭說：「我們使盡全力，為孩子安排學校，希望他們好好用功讀書，考個好學校，孩子就是不爭氣，不讀書，整天游手好閒。」也有父母說，他對孩子充滿信心，因為他們樂觀進取，功課好，生活適應正常。也有一部分的父母說，他的孩子雖然成績並非理想，是一個平凡的孩子，但是很通情達理，勤勞幫助做家事或工作，相信他將來一定可以過著成功的生活。每個父母親教導子女的遭遇不同，有些人對孩子充滿希望，有些人則滿臉的悲觀。我常常在想，這是個人的命運際遇不同？抑或因為教導的方式差異？

於是我開始觀察，深入了解這些人的家庭背景。我發覺那是由於教導上的偏差，和環境對孩子的不同影響。我可以肯定的指出：許多孩子在出生時，就已經註定了不利的環境。環境影響教導，教導主宰了孩子。而教導的原則與方法，似乎又是決定環境優劣的關鍵。

這一章，我要談談教導的原則，討論父母親有效教導子女的要訣。這些原則，是經過一番證驗，認為是具有價值的教導法則。父母親的天職是依據這些原則，去教導孩子和安排適當的環境。

我深深地體會，父母的天職是不容拋棄的。拋棄它就會帶來生命意義上的缺陷，到頭來總要令人悔恨。當然，父母的教導也必須是正確的。錯誤的引導，會導致愛的失落，影響孩子的一生。最近，我認識一位中年的母親，在交談之餘，我問她為什麼不讓罹患過小兒麻痺症的孩子上國中。她告訴我說：孩子行動不便，上學需要人照顧。所以，我把他留在家裡，自己出去賺錢養活他，好為孩子儲蓄一點生活基金。

這位母親愛子之情，確實令我尊敬。但是，我認為生活基金的籌措遠不如孩子本身的成長和自立來得重要。我發現站在她身邊的孩子，尚能撐著楞杖行走，五官端正，眉目清秀，經適當的指導，仍然可以自立，成為一個有用的人。但是錯誤的愛將使他的孩子生活在一個消極和殘廢的世界裡，無法超越。

愛是珍貴的人性經驗，但必須是健全和成熟的愛，才能表現出它的光明和溫暖，才能使孩子得到喜悅和成長。健全的愛所引發的教導原則，正是每一位父母要遵守的教子良方。

基本態度

親子間的相處，本身既是生活又是教育。因此父母的態度深深地影響孩子的學習和人格發展。父母親最重要的教導態度是開放、允許和支持。開放表示你能接納孩子，善於和孩子溝通，放下自己的成見。所以你能真正了解孩子，有機會接觸到孩子的心理世界，並掌握時機予以指導。其次，允許表示你能誘導孩子自動自發，能提供機會讓他試探，增強孩子的信心和自我功能。至於支持就是你能維持孩子的自尊，鼓勵孩子積極向上，並給予成功的經驗和學習的樂趣，支持使孩子能不斷試探與發展。

現在我整理出許多心理學家和教育學家的意見，供你做教導時的指南：

1. 父母管教孩子的意見和寬嚴的態度要一致。態度不一致的後果是：父母彼此爭吵，孩子心理矛盾，或者孩子的過錯得到袒護，因而錯誤的行為得不到改正。

2. 要相信每個孩子都具有特殊的才氣。你要重視他，鼓勵他，才能發展其潛能。因此，用不著拿你的孩子跟別人比較，比較是錯誤的。

3. 處理親子間的互動關係，一定要冷靜，三思而後行。衝動或意氣的處置，有礙教導的進行。因此，你必須注意：

- 不要為過去的疏忽而懊喪或氣餒。
- 不要為親子間的摩擦而消極，你一定有辦法挽救。
- 保持穩重的態度，不做意氣的堅持。
- 孩子的身心發展變化很大，不要把一時的過錯視為永遠的缺憾。
- 不必把孩子的錯歸諸他人，推諉使你和孩子同時變得不負責任，而停止教導的腳步。

●請注意！親子之間千萬不要決裂。決裂就像斷了線的風箏，無從教導。

4. 給孩子安全感。讓孩子在心理上有所依靠。別忘了不斷支持他，指導他，以期心智不斷成長。安全感是從信心中產生，你一定要在孩子小的時候開始訓練他做事，並注意每天的功課。成功的經驗和信心，是孩子安全感的基礎，保護過多，反而破壞了孩子的安全感。

5. 生活上要與孩子打成一片。孩子想知道有關你的事業或生活上的困難，不妨告訴他。告訴孩子自己的困難，必須也告訴他自己能克服它，或者要求共同協助分憂，但不能帶給孩子消極的思想。

6. 你要堅持原則，放棄原則等於放棄教導。不過你所堅持的原則必須合情合理。此外，你可以讓孩子訂定自治規約，自己約束自己，養成自治和自動的習慣。

7. 你對孩子犯錯的處置，必須先了解動機和原因。處罰本身不能建立正確的行為。因此在處罰之後，要告訴他錯在哪裡，怎樣才是正確的，應該怎麼做才對。孩子在下一次表現中如已改過遷善，應及時予以讚美和鼓勵。

8. 對孩子要一視同仁。要相信你的孩子，但不是盲目的依從。

9. 引導比強迫有效。但是涉及孩子的安全，基本生活規範一定要堅持遵守。

10. 不要以大人的價值觀念衡量孩子的行為。依大人的價值看孩子，會把好動當浮躁，把好奇當幼稚，把自我意識的成長當頑強，把純真當無知。結果，你可能整天批評孩子，親子間的關係因而破壞。你不妨以孩子的角度看看孩子，你就會對一些不必操心的小事一笑置之。

以上所提供的基本原則，你做到的有多少，沒做的有多少，不妨把自己最疏忽的幾點特別記下來，先從那兒著手。用這些原則教導孩子，必然能發現它的效用。

最後我要強調一個觀念——典範。父母要當孩子的模範，以身教為重，以自己的工作態度和涵養，作為孩子認同的對象。父母能提供子女最寶貴的東西是身教，而不是嘮嘮叨叨的言教。請記住！你要孩子們學好，就得自己表現得好。

指導與訓練的法則

你一定很想自己的孩子能把家務整理得井井有條，做起事來手腳伶俐，在功課方面能有好的成績。我想，做父母的人，最安慰的事莫過於此。不過，這些安慰和喜悅，不是從天而降，而是你自己和孩子共同努力的結果。

許多父母親跟我談起怎麼指導孩子讀書、作文、做家事。我總會告訴他，孩子的成績好，能自動用功，並非一日養成。即使真能一日養成，也是不能持久，不牢靠。你希望孩子功課好，就得先要有好的學習態度、方法和根底。這些條件，是長時間養成的，不是臨時急就章所能辦得到的。許多聰明的孩子，固然可以靠一時的強記和理解，把成績考好，但是這樣的孩子，通常沒有根底，不能持續自動學習或不斷研究發現。所以，你要指導孩子養成良好的求知習慣，陶冶他的興趣，打好他的根底，而且要愈早開始愈好。

我的意思不是要教孩子提早讀書寫字，而是要提早養成求知的習慣，求知不一定讀書本，而是要指引孩子從觀察、記憶、比較、發現與理解的過程中，學會求知。當然，在做人處世上，也要從說明、示範、練習和鼓勵中，學會種種禮貌和才藝。現在，我就心理學的觀點，提供一些原則，作為你教導時的參考。

1.孩子的學習能力，可以透過教導而提高。你要有耐心，點點滴滴慢慢的教，孩子累積的學習經驗愈多，愈能夠處理呈現在跟前的資料，學習的效果也不斷提高。請記住！孩子的學習行為就是資料處理過程。在沒有壓力下，漸進的學習，日積月累，從平常累積種種經驗，孩子的思考、類化和推論能力自能日增。

2.無論你教孩子學習什麼，都要讓孩子有個強烈正確的動機。以下是你提高其動機的方法：

- 把學習當作一種共同參與的有趣活動。
- 孩子完成一項學習應給予獎勵。你可以把學習分成好幾個階段，分別予以獎勵。獎勵的方法包括：給予讚美、獎品或代表成就的符號。
- 分享孩子成功時的喜悅和情趣。
- 安排競爭的程序。最好採取自我競爭（拿孩子先後不同的成績來比較）。

3.教導孩子學習功課或一技之長，必須有明確的目標和成就的準標。經常考核，對不合標準或錯誤的部分，要檢討原因，重做示範，指導他練習。

4.學習上的錯誤不是一件壞事。它讓孩子知道那些地方有待改進。錯誤是孩子進步的資源，你要善用孩子的錯誤來指導他的學習。

5. 父母不要怕孩子犯錯，錯誤是學習的正常現象。如果你一味責備孩子的錯誤，而不加檢討與指導，就與教育的理則背道而馳。

6. 要先告訴孩子學什麼、怎麼學和為什麼要學，然後才能引發他實地去學習。

7. 成功的第一步是要把最基本的觀念解釋清楚，並指導孩子練習到純熟為止。

8. 要注意！做功課是孩子的責任，不是你的責任。你不宜每天把孩子的功課當作你的功課，那會養成依賴的習慣。把責任加在孩子身上，孩子就能自動學習。

9. 你要對孩子的學習表示興趣，關心他的學習，而不刻意查驗他的成績。討論學習的內容和情趣，不要一再嘮叨，吩咐孩子要努力。孩子最不喜歡這類說教。事實上，說教的結果往往與期望相反。

10. 教導孩子要注意個別差異。教導老大的方法未必適用於老二。

11. 一種教材往往有多重學習的效果。學習算數，顯然與邏輯推理有關，但與語言的表達、生活的經驗都有關係。你的教導應該是一舉數得。

12. 閒談式的教導，是最有效的教育方式。

13.訓練孩子學習一個複雜的技藝，記得把它分成好幾個部分，每一部分做詳細的解說、示範和練習。

教導和訓練需要父母用盡所有的機謀、智慧與耐心，這是責任，不能逃避。這也是一種良好的投資，亦是父母一生中最值得的投資。

最後，我引述作家魏爾斯（C. U. Wells）的一段話，來說明教導與學習的特性。他說，有一天，一位年輕人去拜訪一位市立公園的主管說：「你也許不記得我了。你做助理員的時候，我還是一個窮苦的小孩，常到這裡來玩。有一天你坐在樹蔭下對我講述生活中力圖上進的道理。你指著一條從草地爬到樹上去的毛毛蟲說：『牠已經開始了，雖然牠一拱一伸地爬，但終會爬到樹梢。』這句話打開了我的心竅。我明白了其中的道理。因此，我也一拱一伸地慢慢前進，不但讀完了大學，上星期還取得了律師資格。」魏爾斯所謂的「一拱一伸，慢慢的前進」，也許就是教導與訓練所必須遵守的歷程吧！

情感交流

情感是因為透過交流、接納和共鳴才變得珍貴。愛情如此，親情和友情又何嘗不是？情感透過交流而變得親密，變得互諒與同情。人類進化的動力——博愛，就是透過交流的啟迪而孕育出來的。

心靈的成長、人性的提升和道德的法則，都源自於人與人之間的相互情感交流。我們可以說：沒有情感的理智是冷酷的，人類只有把理性和情感融合在一起，才會變得更完美，更幸福。

親子之間情感的交流，有助於互信與親子關係的建立。當然這也是學習良好人際關係的基礎。情感的交流有助於孩子的心理健康，減少孩子的暴力和反叛。情感教育的原則包括：

1. 父母要有聆聽孩子說話的修養。透過聆聽，才能了解孩子的情感和心智發展情形。你愈能耐心的聆聽，愈能知道孩子需要的幫助是什麼。有時你確實不知道怎麼回答，但孩子並沒有要你回答。只要當一個有趣的聽眾，就能給孩子滿意的教導。

2. 千萬避免在孩子主動道出心事或做錯事時責備他。這樣做，只需幾次，你們之間就有一道防線，切斷彼此之間的交流。

3. 要把自己對孩子的感受說出來。只說感受，不貶損孩子。你不說出來，孩子就得不到回饋，而不懂得調整自己待人的態度和禮貌。

4. 多給孩子一些正當的歡樂，快樂的體驗和學習負責任的態度，必須一起進行。有快樂的童年，才有達觀的人生，有責任的回憶，才有進取的勇氣。

5. 不要用懼怕來威脅孩子。這種教育雖能使孩子就範，但不能建立良知，雖使孩子不做壞事，卻很容易造成心理障礙或疾病。

6. 要學習跟孩子說話的技巧。這是溝通和改善人際關係最重要的橋梁。

7. 讚美和欣賞孩子良好的言行，孩子就會表現更多值得讚美的品行。

8. 不跟孩子賭氣，不使用裝病或撒謊的伎倆使孩子就範。

9. 愛是親子關係的精髓，但絕對不能寵壞孩子。愛是給予而不是討價關係。愛是給予孩子充分的發展，而不是要孩子合乎我的期望。

10. 父母教導孩子的最高藝術是：「大節不踰，小節出入可矣！」管得太多太嚴，反而弄得親子關係不好。

教導的原則歸納起來只有一個愛字。不過，你要懂得把它表達出來，化為關懷、負責、尊重和了解。請記得！除非你能正確地給予父母愛，否則孩子怎麼會知道父母的愛有多豐厚！

12 指導孩子做功課

小學和國中階段的孩子，應培養他的求知態度和方法，陶冶讀書和探究事理的興趣，使智能得以充分發展。因此，孩子在學校的課業，也需要父母親的指導和鼓勵。

我調查過許多中小學教師的意見。他們絕大部分認為父母是否關心孩子的功課，是決定其成績好壞的重要因素。如果父母親能進一步指導功課，孩子就會有更好的成績表現。有一位在國小任教多年的老師告訴我，在學校裡，一個老師要面對幾十位學生，個別指導很難做得到。因此，父母親對孩子做些功課上的輔導，可以幫助孩子奠定良好的智育基礎。

有些父母懷疑地說，當他自己是孩子的時候，並沒有父母指導孩子做功課的情形，為什麼現在需要指導呢？我想這有幾個原因。

首先是現在的教材比較重視思考和推理，許多作業上的問題，特別是國小階段，需要父母給予適當的指導，否則孩子不容易完全的理解。其次，父母親指導功課時，可以了解孩子學習上的種種情況，對他的優點加以鼓勵，對於錯誤或不明白的地方加以啟發。第三，父母能關心孩子的學習，參與孩子的討論，可以促進親子的情感。第四，父母關心孩子的課業，可以引發孩子專心學習，涉獵課外讀物，而減少在外遊蕩或花太多時間看電視。

現在大部分的年輕父母都很關心注重孩子的功課，而且本身受過基本教育以上，都能指導孩子讀書，如果不做適當的指導，孩子成績相差太遠，會引起孩子的挫敗感，而不喜歡讀書。如果在別的方面又得不到鼓勵，孩子就很有可能學壞。

作家琦君在早年發表的〈一篇舊稿的感觸〉一文中寫道：「這幾個孩子，一直缺少父母的關愛與教育，卻能如此正常地成長，真是非常的幸運。仔細想想，實在是因為他們出生得較早，那時工商業還沒像今天這般繁榮，社會形態也沒有像今天這般複雜。孩子們沒有出租的小人書可看，家中沒有『刀光劍影』『殺人滅口』的電視劇可看。西門町也還沒有彈子房，沒有黑咖啡室，沒有電動玩具。社會的引誘小，欲望低，家庭缺乏溫暖也沒處跑。如果這幾個孩子成長在今日五花八門的環境中，恐怕這位母親就沒有這樣好的運氣坐享兒女之福了吧！」現在的社會風氣不同於過去，孩子如果不好好指導他做功課，多關注他們的生活，就很容易學壞。

有一位老師告訴我，關心孩子並不是看管孩子，逼他讀書，而是要了解孩子，指導孩子。跟孩子討論功課和學校的生活，是了解孩子和指導孩子最佳的途徑。

另外有一位老師告訴我，孩子的生活內容就是受教育。在學校的功課中，無論德、智、體、群、美各方面，如果沒有一樣值得嘉許，那就會墮落，而步入歧途。

我要澄清一點，指導孩子做「課業」，並不是只有智育，而是包括德、智、體、群、美五育。這也是本書所揭櫫的教育信念。不過本章所要討論者，則偏重在智育方面的指導。

觀念與知識

孩子智能的成長，是在一連串的資料處理（information processing）過程中培養出來的。因此，孩子練習歸納、演繹、觀察和試探的資料愈多，智能的發展愈好。資料處理的基本單位是觀念，因此孩子學習任何功課，一開始就要把每個觀念釐得清清楚楚。觀念不斷增加，再經過整理而成為原理原則。因此，你一定要幫助孩子把基本觀念弄清楚，孩子才能夠進一步類化學習、思考、推理及解答問題。

父母親怎麼知道孩子已經獲得完整的觀念呢？根據心理學家布魯納的觀點，孩子若獲得完整的觀念，就能夠說出觀念的名稱，指出它的屬性和價值，說出它的定義，並能舉出實例。觀念是從歸納事象和實例而獲得，觀念的定義是根據事實的屬性和價值界說出來的。

孩子一開始學習，如果每個觀念都學得正確清楚，將來在思考和推理上，就會很正確清晰。父母親如果能協助孩子，把每個詞彙、處理資料的邏輯和思考步驟釐得清清楚楚，對孩子往後的學習才有助益。不過，觀念不是用記憶得來的，是從分辨、歸納、比較中獲得。

孩子在學習資料處理時，除了觀念之外，就是有系統的知識。孩子的知識愈廣博，愈能引發他的思考和推理。因此，父母親有必要協助孩子閱讀課外讀物。課外讀物的選擇原則很簡單，你自己必須先讀一次，認為它對孩子的心智發展有益，就可以買。父母先讀過的書再交給孩子讀，具有很多優點。除了能適合孩子的需要之外，父母親亦能夠在孩子讀完讀物之後，跟他討論書的內容，啟發其思考，診斷孩子閱讀的情形，好知道怎麼幫助他繼續閱讀。課外讀物內容要廣，舉凡傳記、神話、名著、自然科學等等，都宜涉覽。以下是你協助孩子閱讀課外讀物的原則：

1. 課外讀物要由淺而深，由易而難，選擇課外讀物必須合乎孩子的閱讀能力。
2. 孩子如果還不能閱讀，父母親可先念給孩子聽，順便解釋一些名詞和觀念。
3. 要注意孩子是否聽得懂，是否保持專注。你可以停下來，問問孩子讀過的情節，或跟他討論彼此的感想或聯想。如果孩子聽不懂你念的內容，一定要換一本比較淺的讀物。
4. 給予孩子說故事或發表閱讀心得的機會。父母有興趣聽孩子說故事、講笑話、談科學知識，孩子一定會喜歡看課外讀物。
5. 孩子自動閱讀課外讀物時，每讀完一篇，就要給他鼓勵，每看完一本書，就要給他一些獎勵。

閱讀是增加知識和提高智能的重要途徑。但是，閱讀的目的不是記憶資料，而是能整理資料，成為有用的知識。因此，父母親要採取兩種途徑來幫助孩子閱讀。第一，給孩子做導讀，先說明讀物的作者、背景、主要意義、怎麼閱讀，然後再讓孩子閱讀。第二，孩子在念完一本讀物之後，要給他機會講講主要的內容、情節或感想。父母只要聆聽，跟他討論，無需批評孩子的看法與感想，父母可以表示自己的看法，但不宜否定孩子的觀點。

讓孩子對一本著作的人物或其中的情節發表意見，是啟發孩子思考和創造力的有效方法。

詰問

父母為了幫助孩子學習功課，使他獲得的觀念更清楚，更能把握重點，思想更加周密，可採取詰問的方式，激發其思考。詰問是一種很生動有趣的問答過程，一問一答之間，要保持輕鬆，否則就失去引導和啟發的價值，切忌流為盤問或責問。進行詰問的原則如次：

1.詰問可用來測驗孩子是否記得基本的知識和資料，父母發問時，必須預做答案，及時校正。

2.詰問可引發孩子思考及有系統的整理與比較。不過發問時要注意問題之具有歸納性和普遍性，亦需預做答案，並對孩子的答覆及時校正。

3.詰問亦可用來激發孩子的判斷力和價值觀念，並協助孩子自我醒覺。惟問題的性質是開放性的，沒有固定答案，任由孩子自由發揮。

4.評估性的詰問，是用來了解孩子的程度和學習情形，問題宜周密詳細。這類詰問，對幫助孩子復習功課最為有效。

5.啟發式的詰問，是用來澄清孩子的觀念，在一問一答之間，引導孩子發現事實真相，整理出正確的觀念。

父母親最好是在自然情況下，以聊天的方式進行詰問。詰問可以和討論同時進行，親子之間在相互詰問與思考解答之中，蘊藏著關愛、創造和交流的喜悅。

請注意！詰問是親子間的聊天，而不是父母對孩子的考試。即使是對孩子做評估式的詰問，你也不能表現出考試的氣氛，因為那樣會破壞你幫助孩子學習的良好關係。許多父母親在孩子一時答不出來時，就會失去耐性，大罵「笨蛋」，結果反而傷害了孩子的自尊和自信。所以，一定要當心，當你覺得會生氣時，一定要停止，暫時保持緘默，不要再指導下去，等你恢復了以後再繼續進行。

示範與練習

無論你要指導孩子做什麼，都需要經過示範，再讓孩子練習，學習的效果才會大大的提高。例如，你要指導孩子寫字，就得確確實實地把握筆、筆順、構字等示範得清清楚楚。孩子看過之後，依照要領練習，才容易學會。父母輔導孩子做功課，無論是作文、數學、美勞和家事，以及學習待人的態度或體育運動，都要注意把示範與練習結合起來應用。

示範之前要對示範的內容做充分的說明，將目標、方法、程序，可能的意外和危險，逐一解說清楚，然後再做示範。比如說，想對孩子示範怎麼寫作文，最好先找幾篇短文，向他解說文章的結構、分段、作者的構思、標點符號的應用。然後，選擇一兩個題目，自己作文給孩子看，並告訴孩子自己思路的進展，然後再讓孩子練習。不同的文體有不同的寫法，都要經過講解、示範、模仿、練習，然後才談得上創作。

父母教孩子做家事，最容易忽略的是示範這個過程。許多父母沒有示範怎麼拿菜刀，就要孩子切菜。沒有示範和訓練做菜，卻批評孩子不會做菜。未經示範和訓練就讓孩子去做，結果總是不理想，父母不免批評和責怪，到頭來孩子的自我期許水準或信心將受到嚴重的打擊。現在有許多國中和國小的孩子，確實不會做家事，不會處理自己日常生活的事務，均源自家庭教育的失當。

父母親應該怎麼示範，才能引導孩子做有效的學習呢？我的建議是：

1. 先做講解，然後示範。示範時邊做邊說明。

2. 示範的動作要慢，讓孩子看得清楚。比較複雜的作業應分成幾個階段，分別示範練習，等到都練習純熟，再做全部的練習。

3. 孩子要在示範之後緊跟著做練習。父母隨時注意練習的情況，適時予以校正，直到完全正確為止。

4. 孩子做練習的時間不宜太長，以免造成疲倦。練習的教材最好力求變化。必要時可使用自我競爭的方式，比較孩子前後練習的成績，以激勵練習的興趣。

有一件事必須特別留意，當孩子把一項複雜的作業做錯時，並非意味著全部都做錯，錯誤只是其中的一小部分，指導學習的關鍵就是要把錯誤的地方找出來，加以示範和練習。而不是一竿子否定所有的努力和成就，一切從頭開始。含糊籠統的練習，不如一針見血找出重點加以指導和練習來得有效。

父母親在使用示範與練習來教導孩子時，並非隨心所欲的示範，或者自以為對某項作業已經非常熟悉，便毫無準備地即席示範。事實上，這樣的示範往往不能達到孩子模仿學習的需要。因此在示範之前，必須就所要示範的作業先做個準備，想想應該怎麼示範，才能使孩子看得清楚，了解個中的要領。因此示範前預先構思是必要的。

其次，是對於孩子的練習必須注意及時給予回饋。什麼叫回饋呢？那就是對孩子的練習情形及時提供回應，對正確的要加鼓勵，使他有信心有興趣，並告訴他進步的情形，引發他不斷練習的興趣。對於不正確的部分，要找出原因，重新示範，再做練習。

示範與練習，就是行為心理學所謂的訓練模式。這種模式已成為教學心理學上普遍使用的方法或技巧。它的程序是設計（準備）↓示範↓練習↓回饋。它的用途很廣，不但可以用做一般學校教導課業、體育和態度訓練之用，而且在專業訓練方面也普遍採用。

探究

探究是父母親協助孩子發展求真的態度與方法，增強其好奇心，培養其獨立學習與研究的精神。探究是讓孩子處於平常的生活條件下，去處理原始的資料，追求第一手的知識。因此孩子所學到的是思考與創造，而非記憶一些書本上的死板知識。

探究源自孩子的疑問，經由疑問帶動追求答案的動機。過去教育家一向批評我們的教育過於偏重記憶，於是鼓勵孩子多問問題，父母也都能本著這個原則，引導孩子發問，孩子們發問的風氣普及多了。當然，這是一個好的現象。但是這種發問的風氣，卻未能帶動孩子真正探究，而只是像嗷嗷待哺的孩子，等待著大人給他們答覆問題。這一來孩子充其量只是變成一個主動的記憶者，而不是自動的發現者或探究者。

過去我曾在中學任教，我發現學生問了許多問題，似乎是為了滿足老師要他發問的希望，才一個接一個提出問題。每一個問題又是那麼死板沒有創意。那時我已體認到「探究」的重要。如果不在日常生活中培養探究的習慣，把孩子轉變為自動的學習者，有處理資料的強烈動機，只是發問，還是免不了死記的窠臼。

探究的習慣使孩子肯在所面臨的課業問題中，自己尋找答案。將來也能遷移，在做人做事方面，不斷能探究尋找新的答案。探究的習慣和能力，是一個人能充分應用其智能的表現。心理學家史其曼（R. Suchman）認為所有的知識只是暫時的答案。新的知識將因新的探究而發現。因此孩子必須知道沒有永恆的知識，同時要經常以好奇之心面對困惑，主動探究。引發孩子探究的基本原則是：

1. 孩子因為困惑，很自然地引發探究的動機。

2.鼓勵孩子蒐集資料，設法回答問題。

3.父母必須指導孩子認清問題的所在。

4.要指導孩子探究的過程，從蒐集資料、提出假設、考驗假設而至問題獲得解決，都要弄得清楚。

5.探究所重視的是方法與過程的訓練，因此在指導時必須注意活生生的推論。

比如說孩子跟你談到日光與種子發芽的關係，你便可以利用這個困惑的問題，鼓勵他做個實驗。首先要鼓勵孩子查閱資料，了解陽光對種子發芽究竟有什麼影響，然後提出假設，並設計一個實驗：比較有陽光照射與無陽光照射兩組種子發芽及成長情形。孩子在一次實驗之中，所能學到的不只是證驗某些假設，更重要的是訓練了他的推理、實驗設計及周密思考的能力。

指導探究的步驟是遭遇問題↓蒐集資料和澄清問題↓提出假設與實驗設計↓試驗與觀察↓提出報告。在探究過程中，父母親要指導其全部試探過程，支持他不斷試驗和觀察，直到把報告的結論做出來。

引發孩子探究，不是要訓練他成為一個科學家或專業研究者，而是要培養孩子求知的態度與思考習慣。

許多父母親會抱怨，他自己並不懂得實驗和探究，無從指導孩子。又何況在學校已由老師指導，何必多此一舉呢？其實，只要你肯抽點時間費心跟孩子一起探究，就等於指導了孩子。另一方面在學校所學的實驗，跟在家裡由父母親陪伴做各種探究，對孩子感情與智能的成長，有決定性的好處。因為那既是愛的交流，又是求真的訓練。當人格的成長與知識的探究結合在一起時，孩子所得到的才是活生生的能力。在孩子成長過程中，固然需要老師，但更需要父母。這正是完形心理學家提出整合教育的重要原因。

父母為孩子打下的心智發展基礎，是他日後得以不斷成長茁壯的主要源泉。

討論

現在一般的父母忙著自己的工作或事業，早出晚歸，很難得有機會跟孩子談話。即使晚上的時間，父母各忙各的，閒著的時間又都用來欣賞電視，於是親子間的交談很少，許多孩子的語言能力因此受到影響。親子之間，如果能抽出時間，安排一些討論的活動，不但對孩子的語言發展有益，對於親子情感的交流亦有幫助。

當然，討論本身就能激發思考，增廣見識，並有助於知識的系統化。父母若能在茶餘飯後跟孩子很自然地討論一些問題，無論是課業上的，生活上的，乃至各類時事，都能對孩子有益。

討論必須有個主題，父母要多鼓勵孩子針對主題說話。在討論過程中，親子雙方都可各抒己見，互相激發。討論是可以就對方的意見提出自己的看法，但必須維持禮貌與和氣。

在討論時，父母親不能責罵孩子，訓斥孩子。討論是在平等的地位上進行雙向溝通，而不是上對下的教訓。討論之後，最好由孩子來做結論。當然，討論會也是在父母指導下，由孩子主持。孩子在主持小型討論的經驗中，不但學會如何表示意見，折衷兩個不同的觀點，更重要的是學會尊重別人的態度。

在討論會的當時，孩子可能說出許多感受，這是教導子女行為的回饋，從中你很容易發現，哪些教導行為需要修正，哪些教導方式值得加強。另一方面，孩子本身的行為也在與父母親的討論中得到回饋，它使孩子在很自然的情況下發現大人對其行為的看法，從而引發其反省與改正。

另外，還有一種與討論很相像的思想激發方式──腦力激盪會談（brainstorming session），又稱為腦力震盪術。它不但能引發孩子創造思考，父母也可以從中獲得教導孩子的寶貴靈感。進行的方式是先由父母說明待解決的問題，必要時可以加插一段事實的描述或一段電視影片（有時候，你可以在看完一個電視節目時，利用它作為題目進行腦力激盪），然後由孩子發表意見，提出建言或解決的方法。提出意見愈多愈好，所有提出的意見都被接受，參加激盪的家庭成員之間，不相互討論和批評，自己可以不斷思考，提出不同的意見。所有被提出的意見都由孩子記錄下來，等到大家都發表完畢，再行整理、討論和歸納。腦力激盪術的主要目的是激發每個人的思想以解決問題，當然它必須在安靜輕鬆的情境下進行，才會有較好的效果。

比如說你跟孩子共同以「如何維持家庭整潔」為題，進行腦力激盪。首先你必須說明什麼是腦力激盪，並說明特性及過程。然後你把家庭整潔的問題做了一段說明，接著讓孩子和家裡的每一成員開始發言。在激盪過程中，父母必須引導孩子從多方面思考問題。例如家裡為什麼不整潔？怎麼整理？怎麼維護？如果有人破壞整潔怎麼辦？……這些子題和解決之道，都在相互聆聽對方意見中，激發新靈感，而提出新的看法與建言。最後把所有的意見加以整理，進行討論和歸納，再整理成具體的計畫作法。腦力激盪術的用法很廣，你可用來共同思考某些功課，例如「做一項實驗」「如何進行一項人物訪問」等等，都可以透過這種技術共同思考擬訂計畫。

父母無論使用討論或腦力激盪術，一開始總不免遇到困難，因為許多孩子平常就不喜歡表達自己的意見。不過千萬不要灰心，只要試過幾次，他們就能學會表達意見，而且愈做愈起勁。

在民主的社會裡，最重要的能力是意見的表達與溝通。民主社會所以能快速進步和機敏的反應社會需要，完全靠著溝通。孩子具有好的表達意見能力和溝通技巧，就能在民主社會中獲得較好的適應。

13 待人處世的訓練

要想孩子將來在社會上有良好的適應能力，生活過得愉快，從而產生充實與和諧的感受，就得有好的人際關係。人際關係建立在個人的感受性上，它是人與人之間彼此情感的交流、意見的溝通和價值觀念之了解。因此，人際關係不止表現於待人的態度，也深深地表現於對事務的處理上。它不但是人緣好壞的原因，也是能否善待自己的關鍵所在。

人際關係還涉及個人潛能的發展。因為人際關係好的人，表示他的感受性好。他具有自覺和清醒的能力，能夠善解人意，同情別人，又能把握住人際之間的分寸。一個人能分辨人際，寄以同情，而予以包容，就能顯現其偉大的親和力。因此，人際關係好的人，容易與人相處，溝通意見，相對地領導能力增強，事業發展的機會自然提高。

人際關係的好壞，也關係著心理健康。有些人對別人的意見和情感視若無睹，不能了解別人的處境，所以言行經常傷害到別人，別人也把他當作異數看待，因而產生恨。日常生活不能考慮到別人的人，永遠是別人敵意的發洩對象。

感受性不是從書本上得來的，它是從生活的實際體驗中獲得的。所以，你必須在日常生活中給予孩子感受性訓練，給他一些人際關係的教導。這樣，孩子長大之後，才會是一個能過正常社會生活的人。

我經常聽到父母親抱怨子女的說話態度不好、不講理、撒謊、自私自利。事實上，這些現象都是孩子人際關係發展上適應不良的現象，有待你協助他克服。

孩子的感受性不是一天能培養起來的，因此你要長期的培養他，教導他。如果你不注意這方面的教養，一旦發生問題，要想糾正就事倍功半了。

茲介紹幾種教導孩子人際關係及提高感受性的方法如次：

角色扮演

每個人都是一個獨特的個體，有自己的價值觀念，不同於別人的看法和心理需要，而且情感經驗和適應方式都不一樣。大家共同生活在一個社會裡，彼此角色不同，為了和諧相處，就必須彼此了解，透過溝通和妥協，消除歧見，減少摩擦。我們可以肯定的說，如果一個人不能了解自己，就無法控制自己和改善自己與別人相處之道。不能了解別人，就無法尊重別人，跟別人和諧相處。而角色扮演則是幫助一個人了解自己和別人，並提升待人處世的感受性之有效教導方法。

在日常生活中，偶爾你可以採取角色扮演來教導孩子。所謂角色扮演就是假設一個情境，或一個沒有結論的故事，讓孩子扮演其中的角色，對該假設情境做反應。在扮演之後，立即就扮演時反應的情形，跟孩子做討論，幫助孩子了解自己的情感和觀念。

以下就是一個有趣的扮演實例：有一位母親在孩子吃過晚飯和做完功課之後，笑咪咪的對國小三年級的孩子說，我們來玩一個遊戲。她說，有個少年叫小明，幫父母親照顧雜貨店。有一個顧客來買東西，多付了五十元。小明正缺錢買故事書。小明發現時，手裡握著那多付的五十元，站在門口遲疑地望著即將離去的顧客背影。

母親：「孩子，你認為小明會怎麼做？」

孩子：「我想他會把多出來的錢放在自己口袋。」

母親：「為什麼？」

孩子：「因為他缺錢用。」

很明顯地，孩子在這個情境中扮演小明，並已表現出自己的價值觀念和態度。這個反應並非表示：如果換上他自己，就會把錢放在口袋。這個反應只是引發了一個有待討論的問題——小明這樣做對嗎？事情會怎麼演變呢？於是母子兩個人開始進行討論。

母親：「你對小明這樣做有什麼意見？」

孩子：「我認為不好。」

母親：「為什麼。」

孩子：「那個人一定會回來要回五十元。」

母親：「小明可以跟顧客說，他並沒有多付。」

孩子：「那顧客一定會告訴父親，父親知道了就會責罰小明。」孩子的父親在一旁傾聽著，這時也參加討論了。

父親：「小明一定會感到難過。」

母親：「為什麼？」

父親：「因為他做了虧心事。」

母親：「小明要怎麼辦才好呢？」

孩子：「他應該叫住那位顧客，告訴他多付了五十元，然後把錢退還給他。」

父親：「但是，小明沒有錢買故事書怎麼辦？」

孩子：「應該向父母親說明自己需要用錢。」

經過這一番討論之後，孩子對一件事情的了解及對別人的看法有了相當深入的認識。這時父母親可以要求孩子扮演一次小明的角色。

小明：「先生！你多付了五十元！」

顧客：「噢！謝謝你！你很難得。」

這時，母親又提醒孩子，如果小明已經把五十塊錢放到自己的口袋裡去了，你是小明，你應該怎麼做呢？

小明：「媽媽！今天我做錯了一件事。」

母親：「發生了什麼事啊！」

（小明把事實告訴母親。）

母親：「我們要把錢退回給顧客！以後要及時退回多付的錢。這是你要買故事書的錢。」

這是一個簡易的角色扮演。如果家裡有兩個以上的孩子，都可以讓他們一起參加扮演。角色扮演有很多功能或用途，包括抒發孩子壓抑的情感，了解自己的態度、價值和感受，激發孩子解決問題的思考和技巧，了解孩子的需要。

角色扮演至少要有三個人，因為有了三個人才有客觀的第三人參加討論，提供第三者的看法，幫助孩子認識事情的真相，而了解彼此間的價值觀念和情感。

角色扮演的步驟如次：

1.準備：由父母親說明角色扮演過程，介紹扮演的故事，使用的故事應具備多元性、發展性、價值判斷性，好讓孩子充分發揮和學習。例如張三向李四借錢，約好今天送還。張三在送還李四錢的途中遇見某甲，某甲因急用向張三告貸……。再根據故事決定孩子扮演的角色。

2.決定扮演的角色：由兩個孩子分別扮演張三和李四。

3.需要一個客觀的觀察者：如果沒有第三個人，就以父母擔任。

4.開始扮演：由孩子演出故事的結果。

5.討論：共同討論其反應的意義和價值，並提出較好的反應方式。

6.再扮演：依據提出的建議來扮演原來的角色。

7.由父母做一次結論與說明。

在角色扮演中，父母切忌說教，而要當一個有興趣的旁觀者，樂觀故事的進展和討論，指導孩子從扮演中獲得情感與價值觀念的認知。父母親以遊戲的方式，協同家裡的成員和孩子，進行角色扮演，是一種生動而能增進彼此人際關係的教育活動。

與角色扮演很相像的一種教導活動是心理劇。可以由兩個孩子以上，自行即席編演一個故事，在表演中，由孩子直接互相回饋，了解彼此之間的情感和意見。必要時，在心理劇演完時，由父母指導，做適當的討論，以加強互相回饋的效果，從而學習到正確的相處之道。

試驗訓練

試驗訓練（laboratory training）又稱為小組訓練（T-group），是在一九四七年時發展出來的一種教導技術。當時心理學家勒溫（Kurt Lewin）發現社會變遷太快，使得一般人變成社會上的一個零件，產生了被隔裂的角色，而無法體會到完整的個人認同。加諸大部分的人都在一個大機構裡工作，也產生了孤立與無助的感受。當時心理學家希望設計一套小組動力的技術，對社會變遷發出積極的影響，經過一連串的集會和討論，提出了所謂訓練小組的觀念。

現在我們把訓練小組用在家庭教育上，它是協助孩子發展待人處世態度和增進彼此了解的有效方法。這是由孩子和家庭的成員，共同討論日常生活所遭遇的問題。例如怎麼分工做家事、決定到哪裡旅行、討論菜單等等，由父母、孩子及其他家庭成員共同討論。這時，由於大家意見不同，表現的態度也不一樣，也許會爭得面紅耳赤，也許會為芝麻小事而賭氣等等。在爭辯過後，讓大家平心靜氣的說出心中的感受，從別人的感受中獲得回饋，而發生自覺，從而改進或提升自己的待人待己之道。

有時父母可以用錄音機或錄影機把彼此間對答的情形錄起來，事後要求每個人平心靜氣地聽聽自己剛才的表現，再說說自己的感受，引發檢討不能溝通的原因，然後提出改進之道。

試驗訓練最好是由幾個年齡相近的孩子共同組成，共同討論或處理事情，然後在不知覺中將他們的活動錄下，供他們回饋檢討之用。在進行試驗訓練之前，父母應先設計一些引發孩子討論或活動的計畫，最好以能引起孩子們對抗、排斥、紊亂、強烈競爭、不公平等反應的事例為宜。因為這樣才能引發他們真正的反應。在進行中，乘著他們不察覺的情況下予以錄音或錄影，然後，在活動完畢時放給孩子聽或看，再讓孩子把心中的感受說出來，並討論發生困難的原因。

根據心理學家白克和穆頓（Black & Mounton）的看法，試驗訓練的過程是：不適當的行為↓發現↓回饋↓領會與改進。換言之，即由幾個孩子一起或由父母參與，面對一些不適當的行為所引發的爭執與困擾，發現爭執與騷亂的原因，彼此相互回饋感受，而領會出應有的正確行為與態度。

父母要採取這種教導方式，必須先培養自由民主的氣氛和孩子的安全感。平常被嚴格管教得謹言慎行的孩子，很難從這種指導活動中獲得學習效果，因為他可能不敢表達自己的情感和意見。在虛應故事中，永遠得不到真正的回饋和醒覺。

管得太嚴是壓抑，無法使孩子突破現有的種種習慣性行為，產生創造力。從自我醒覺中建立自我控制，要比用懼怕來約束行為來得幸福、健康和有效。

自我控制

大部分的父母親都會抱怨孩子缺乏自制，不能自我控制。比如說孩子在睡覺前下定決心要早起，第二天還是睡懶覺。自己說以後要多花時間溫習功課，結果坐不到半小時就去看電視。這種不能自制或自我控制的現象，不止孩子如此，大人又何嘗不是呢？有多少人想讀好英語，結果只有三天的耐性。我們也看到許多人戒煙，結果戒了好多次還是戒不成。又有多少人想改掉自己的急性子，雖多次的懺悔，還是依然故我。這都是不能自我控制的問題。

一個人能否自我控制，顯然決定了他的行為品質。它不但影響自己的前途、事業發展、適應和幸福，也影響到自己與他人的人際關係。因此，父母親必須教孩子自我控制。

孩子不能自我控制，是父母親最頭疼的事情。但是不能自我控制的行為，總是要到國小五、六年級以後才明顯化。那時父母親最普遍的反應是責罵。許多孩子就在父母的責罰管教下，被動地控制自己的行為，這種情況並不能有效地建立孩子的自我控制能力。因為父母或師長看不到的時候，就有可能故態復萌。不過，被動的管教比不加聞問要好。我發覺許多不能自我控制的人，是因為小的時候缺乏管教，沒有培養正當的習慣，才衍發出不能自我控制的態度。這些不能自我控制的孩子，將會走上「近墨者黑」的不幸之路。

父母親為了幫助孩子建立自我控制的行為，必須從孩子小的時候就開始，並且要從兩方面幫助孩子。首先要找出不能自我控制的行為。例如孩子放學回來，一骨碌往外跑，不肯靜下心來複習功課，或者不能專心讀書；心猿意馬，走來走去，功課不能按時完成，諸如此類，都是孩子不能自我控制的現象。事實上，許多孩子學業成績不如理想，都是因為不能控制自己，不能安靜下來看書所致。另一方面，有許多孩子則因為禁不起物欲的誘惑，不能自我控制，跟著壞朋友在一起鬼混，鋌而走險。當父母親發現這類問題時，就必須設身處地為孩子想一想，跟孩子平心靜氣地談談「不能自己」的後果，引起孩子的覺悟，以期自動想要控制自己的不適當行為。

其次若要孩子學習自我控制，父母必須和孩子一起討論，建立自制學程。所謂自制學程係指針對孩子的需要而設計的一套行為規範和條件，以協助孩子建立自制的行為。通常這套規範是在父母親的指導下，共同討論擬訂的。

根據行為心理學家的看法，自我控制是建立在兩種控制力量上。其一是內在控制，也就是說，自制學程一旦建立，付諸實行，就必須貫徹去做，不可以找理由藉機耍賴。自制行為之所以失敗就是不能堅持，並以文飾的方式對自己說：「今天是唯一的破例，以後決不再犯。」就這樣，戒煙的人又抽起煙來；兩星期不看連續劇的孩子又開始看；已經不跟不良同儕鬼混的孩子，再度回到他們的小團體裡。自我控制最重要的關鍵是「避免一時的滿足，造成功虧一簣」。

我們每個人都很平凡，孩子也不例外。因此要孩子能夠堅毅不拔，有毅力有決心，能克制自己，並不是一件易事，特別是誘惑就在眼前的時候，更是難以自拔。於是必須建立外在控制。

所謂外在控制就是指安排適當有效的環境和規範，以協助孩子建立自制行為。心理學家史金納（B. S. Skinner）認為行為是受環境影響的產物。比如說你希望孩子早起，就得不讓孩子拉下窗簾，明天一大早好讓晨曦叫醒他。希望孩子學好，就得安排他跟上進的孩子做朋友。希望孩子待人和藹做事認真，你自己居家的態度也必須如此。希望孩子用功讀書，就得有讀書的環境。環境影響孩子的思想行為殊大，這不是現代心理學家的發現，而是在春秋時代，孔子就已經發現這個道理了。他說「無友不如己者」，又說「里仁為美，擇不處仁，焉得知！」充分說明了環境的重要，其後孟母三遷，又何嘗不是為了替孟子安排好的學習環境。

現在我提供安排外在控制的幾個原則，作為你教導孩子的參考。

1. 檢討造成不能自制行為的環境因素，安排能引發預期行為的環境。例如孩子讀書彎腰駝背，就得調整桌椅的高度。孩子花太多時間看電視，家裡就不能老開著電視機，同時要跟孩子約定選擇節目的規範及觀賞的時間。

2.減低誘惑的刺激。例如把電視機的聲音關小，就能減少孩子受到干擾。把窗戶關起來，就能減少外頭孩子們玩耍嬉戲的干擾。

3.把誘惑當作考驗的挑戰，每克服一次，就給予鼓勵。或者把外來的刺激聯想成一種具有意義的感受，而欣然接受。

4.建立行為規範和獎勵標準，孩子做到了，就給予獎勵。獎勵亦可採用積分方式逐漸累積，至相當積分再給予獎品。請注意！每給一次記分也就是一種獎勵。獎勵可以引發增強的效果。

父母親發現孩子有了不能自制的行為，就應該耐心地跟孩子交談，發現問題的癥結，誠心協助孩子解決問題。問題發現得愈早，愈容易處理；發現得愈遲，行為根深柢固，要想重新矯正就非短期間所能奏效。因此，父母對孩子要有相當的敏感度，經常留意孩子的身心發展，隨時設法給予適當的教導。

在自我控制方面，完全要靠自制學程來引導孩子，建立良好的行為。自制學程必須由親子雙方研訂，必須讓孩子對這項新的學習有興趣。所以父母親必須以溫和的態度了解孩子的問題，引發改進的動機，從而共同商討建立學程。

建立學程不宜複雜，一次以矯治一個行為或態度為宜。舉個例子，有一個國中二年級的孩子，在最近幾次考試裡，成績大不如前。經過母子兩個人耐心地討論，發現問題的關鍵在於孩子不能專心讀書，而且看電視的時間太長，有時甚至漫不經心地浪費時間。此外，電話鈴響個不停，弟弟總是找他講話等等。母親了解情況之後，並沒有責怪孩子，反而說：「要是換上我自己，我也會分心。」於是兩個人商討解決之道，研訂孩子的自制學程。例如每天晚飯前，一定要檢討當天的功課，擬訂當晚的工作計畫，其餘的時間可以休息或看電視。吃過晚飯，必須回到自己的書房，遠離電視機，好好做功課。每隔三十分鐘可以休息，用功時間不接電話，休息時再回同學電話，直到九點半為止。這是現階段目標。至於長程的目標，則延長到十點上床，每隔五十分鐘休息，晚飯後則避免跟同學打電話。

他們每天檢討執行情形，做到的就給予獎勵。獎勵的方式是每做到一點，就在成績記錄卡上畫一個圈。每一個星期計算一次，積分達到某一標準，便給予獎勵。獎勵必須事先與孩子一起決定，包括給予獎品、旅行等等。經過兩個月，孩子已達到遠程目標的水準。

為培育孩子正確的待人態度和學習習慣，一定要從自我控制做起。孩子能夠自我控制，才有動心忍性的工夫。在這價值分歧與世事擾攘的時代裡，自我控制是奮勵向上和把握原則的重要憑藉。

自我肯定訓練

一個人能夠肯定自己的意見，珍惜自己的權利和義務，看重自己，對自己有信心，就是自我肯定。在這裡我們所要討論的肯定訓練，就是要幫助孩子獲得一種社交能力，能讓自己很自然和諧地表示自己的立場和意見，而不再是扭捏不安，不敢表示不同的意見，或者過分地自我中心，只顧自己而忽略別人的感受和立場。

我相信一個人不能說一聲「是」或「不是」，肯定地表示「好」或「不好」，就很容易造成是非不分，或招致當斷不斷反受其亂的惡果。當然，當一個人不敢表示自己的意見時，他是壓抑的，長此以往，對身心健康無益，對自己的權利也有損害。

為了使你更能了解自我肯定是什麼，茲再舉例並做說明。比如說張三夫婦一道去館子吃晚飯，然後準備去看一場夜場電影。他們到了麵館，各叫了一碗紅燒牛肉麵，結果端來的卻是清燉牛肉麵。張三不能自我肯定，心裡雖很不高興，卻壓制自己接受它。口頭還說「好吧！好吧！端來就吃！」但嘴裡卻嘀咕個不停，整個晚飯時間心情不好，氣氛也變得沉悶。反之，張太太的反應則與張三不同，她把店小二叫過來，扳下面孔說：「你是不是聾子！我叫的是紅燒麵，你怎麼弄來了一碗清燉麵！」弄得店小二面紅耳赤，下不了台而爭吵起來。很明顯地，張太太把人際關係破壞了，她的行為並不是自我肯定，而是侵略性太強。這對夫婦的行為，一個表現得不及，一個顯得過分，都不合乎中道。

倘若張三看到服務人員端錯了麵，笑容滿面的說，「嘿！先生！你可能送錯了，我們點的是紅燒麵。」服務人員很自然的會換過來。

孩子從小就要學習持平地表示自己的意見和內心的感受，這是一種能善待自己和別人的社交能力。為培養孩子良好的社會適應能力，父母親要特別留意孩子的肯定訓練。無法自我肯定不但會從思想、語言中直接表現出自己的沒有信心，也可能在行為舉止和態度中表現出來，例如不敢正視別人，逃避別人的眼神等等。

我國傳統的道德——謙遜，有時會跟不能自我肯定混淆不清。比如說，別人讚美你的衣服或髮型很美，或者非常欣賞你的風度，大部分的中國人總是說：「哪裡！哪裡！」或者「沒有！沒有！」而很少回答「我自己也很喜歡這套衣服」或「謝謝你對我的讚美！」其實，這兩種反應，後者顯然要比較妥當，比較有社交的禮貌。

謙虛如果解釋為不誇張自己，那是很好的美德。如果把它延伸到不敢接受別人的讚美和肯定自己的優點，就等於生活在虛偽之中，欺騙自己的情感，也諷刺別人對你的讚美。因此，我們要教導孩子，懂得欣賞別人，也要能夠肯定自己，那才叫做真正的「平實」。你對別人反應的快慢，也表現出自己是否具有自我肯定的特質。你對別人的要求猶豫不決，不能及時說出自己的情感，而致失去一種親和力。因此，每個人平常都要練習很自然地表示自己的意見和感受。等到真有其事時，可以適當地表現出來。溝通的技巧也決定了是否能夠自我肯定。在溝通時能表現自我肯定的人，具有下列特質。這是父母指導孩子所應特別注意的。

1. 真心說出自己的感受。例如「現在我很忙」「我覺得很煩悶」。

2.接受自己的情感，而不要貶抑別人。例如父母對孩子說「我對你的疏忽感到難過」而不說「你是一個不負責的人！」

3.對事不對人。例如對孩子說「我在炒菜時你在廚房裡走來走去，令我不便！」而不說「你怎麼這麼婆婆媽媽的！」

4.不要做過火的反應，這樣會造成激怒和對立。

5.要認識自己的情感，設法減低急躁和緊張。

自我肯定對一個人的社會生活影響甚鉅。因此，父母親要趁孩子還小的時候開始訓練。訓練的重點應包括：

1.態度方面：安定自在的眼神、穩定的態度和肯定平和的語調。

2.基本肯定技術：能夠穩重表示自己的意見，很自然地請別人幫忙，坦率溝通情感和思想，能拿得起放得下，能控制自己的習慣。

3.待人處世：待人接物得宜，能夠組織和領導，能保持與人親密的關係。

當你對孩子實施自我肯定訓練時，最好採取角色扮演或試驗訓練，透過扮演↓檢討與回饋↓再扮演的程序，比較容易獲得效果。

自我肯定的態度，愈早訓練愈好。孩子超過十一、二歲時，父母就很難引導他們在家裡做角色扮演。

自我肯定當然並不是只有透過角色扮演才能訓練。父母親平常能留意改正孩子的態度，多給他一些成功的經驗，多帶他參加社交活動等等，孩子在環境陶冶及耳濡目染中，亦能自動學習自我肯定的態度和意識。

第五篇 調理孩子的心情

誰都希望自己的孩子心理很健康，適應力好，有能力過成功的生活。但是事實告訴我們，社會上不良適應的人數正在不斷增加。自殺在我國十大死亡原因中排名節節上升，青少年的暴力事件、精神衰弱、吸毒、逃避現實、緊張、失眠、無法集中注意力、情緒低潮等等，這些心理疾病都是由於不重視心理衛生所致。

世界心理衛生學的創始人卡羅（H. A. Carroll）認為一個心理健康的人，具有下列幾個特徵：(1)自尊並能尊重別人；(2)能了解自己接受自己，了解別人亦能接納別人；(3)清楚了解自己行為的原因；(4)了解自己行為背後的心理需要。從這四個特徵中，我們可以說：心理衛生的主要目的，就是要指導孩子過一個清醒、快活、有活力的健康生活。

每個人的情緒生活受兒童時代的家庭生活所支配，年齡愈小，受影響的程度愈深。因此，從小生活在問題家庭的孩子，心理受創傷而出現症狀的可能性愈高；但就受創後之發病率而言，則年齡愈大，發病率愈高。美國曾經做過統計，心理受到傷害的孩子，在十五歲以前發病者只有百分之二，但到了十五至三十四歲之間發病者為百分之二十八，三十五至六十四歲之間發病者為百分之四十四，至六十四歲以後則佔百分之二十六。由此可見，不良的生活經驗將一生如影隨形。

一個人是否健康、樂觀、精神狀況良好，跟孩提時期的生活經驗有密切的關係。其中影響最大的就是父母的感情是否和睦，教導子女的角色是否調和，對孩子的心理需要是否予以適當的滿足與開導。

孩子長得又高又壯，並不表示心理一定健康。功課很好，也未必表示他的心理適應良好。請注意！孩子未來是否能生活得愜意，過著「日日是好日」的達觀生活，完全取決於你是否注意他的心理健康。

14 重視孩子的心理健康

對孩子做心智啟發，必須以心理健康為基礎。心理健康表示一個人具有良好的適應能力，喜悅的心境和創造性的性格。因此，每個孩子的心理衛生都要受到重視。長期的壓抑容易導致心情不愉快和情緒低落，一旦受到打擊，很可能導致精神崩潰。敵意、懼怕和不安，是失愛的結果。它在某種強烈刺激之下，有可能成為暴力而犯下滔天大罪。空虛、厭倦、缺乏信心和消極，是因為缺乏成功的經驗，當他受到打擊時，就可能一蹶不起。不幸事件的發生，並非一日造成，而是長期缺乏良好心理衛生。

無論孩子多聰明、多健壯，缺乏健康的心理就得不到應有的成功和幸福。書沒有念好，可以再努力補救；事業失敗了，可以東山再起，但是，心理健康喪失了，就很難復原。

我一直在強調心理衛生這個重要的教育課題。在第一篇介紹精神力量時，我說它是幸福人生的基礎。在第二篇討論潛能時，我指出它是創造性格的根源。願天下父母都能重視重視孩子的心理健康。在過去的幾章中，我所談到的教導方法，都與心理衛生有關。在此，僅補充維護孩子心理簡康的幾個重點，供你教育孩子時參考。

和睦的家庭

對孩子心理健康的破壞，沒有比問題家庭更嚴重了。問題家庭包括父母離異、長期爭吵、酗酒、無正當職業或生活不正常的家庭。這些家庭的孩子，往往得不到愛與安全感，因此造成憎恨與不安。當然，並不是說所有的問題家庭，都會造成孩子心理健康受損。但是從問題家庭子女的高犯罪率、精神官能異常的高比率，就可以看出家庭對孩子心理健康的影響。

精神官能異常，依通俗的說法來看，包括神經衰弱症、恐懼症、憂鬱症、歇斯底里症、慮病症等等。更具體的說，緊張、不安、失眠、憂慮、無法集中注意、情緒低潮、多重人格、不合理的恐懼、經常性身體和精神疲乏，都屬於此類症狀。

精神官能症大多在青年以後才慢慢地有明顯症狀。但其肇因，大多是在孩童及幼兒時代。精神官能症的起源通常受三種因素的影響，即遺傳、過去的經驗和當前環境的刺激。而家庭似乎在這三項因素中，都佔著舉足輕重的角色，特別是父母互動關係的影響力，更是大得驚人。

父母離異似乎是影響孩子最大的因素之一。離婚率在我們社會裡已逐漸提高，在所謂個人自由的觀念下，兩人遇有情感挫折，經常就輕言離婚。然後兩個人相互在孩子面前說對方的壞話，相互偷偷討好孩子，看來像是愛孩子，實際上是造成孩子情感上的錯亂。另一種現象是父母離異之後，彼此推卸撫養的責任，結果孩子感到被遺棄，整天泣涕不安，或者基於恨意，而走向反抗的行為。

經常爭吵不休的父母，他們的孩子有著強烈的不安和防衛性行為。管教子女太嚴厲，動不動就責打辱罵的家庭，他們的子女有著嚴重的神經質和焦慮反應。

父母親是孩子命運的守護神。作為一個現代父母，必須注意約束自己，並給予子女適當的愛。用平靜的情緒和穩健的態度教育孩子，引導他們、管教他們，孩子自然能發展出健康的人格。父母親是孩子接觸最多、心理上依賴和安全感的來源，如果父母不能夠組織一個和睦的家庭，孩子就缺乏溫暖和安全，漸漸變得頑劣反抗，特別是懷著強烈的敵意。

最近，有一對年輕夫婦，帶了一個就讀國小的孩子來看我，跟我討論教育子女的方法。他們所遭遇的問題是孩子頑劣不聽話，攻擊性和破壞性很強，經常與人打鬥，很難跟父母親溝通，對長輩的反抗性也很強。站在我面前的孩子，確實很像一匹野馬，眼神卻流露著不安。我們交談很久，也提供他們一些積極性的建議，但我很明白地告訴他們，這個孩子的不良適應，是因為父母沒有提供足夠的安全感和撫愛所致。因為他們夫妻整天在外工作，有時兩人都要出差，孩子總是不特定地托給親戚朋友照顧。長久以來失去父母的撫愛，缺乏親暱與安全感，孩子才變得反抗、頑劣，表現出強烈的敵意。

《史記．外戚世家》序中說：「夫婦之際，人道之大倫也；禮之為用，唯婚姻為兢兢。夫樂調而四時和，陰陽之變，萬物之統也，可不慎與？」這是司馬遷以史家的慧眼，看歷代之衰替情形，而指出和睦家庭的重要性。現在我建議幾項原則如次：

1. 不可輕言離婚。夫妻的情感關係，是可以用和睦（禮之為用）來培養。從給予孩子的愛中，回饋到夫婦感情的增進。
2. 父母應相互尊重，彼此互愛，這樣才能給孩子父母之愛。
3. 培養孩子的自信心，鼓勵孩子自動自發，給予成功的機會和信心。多給予肯定性的讚賞，避免破壞性的諷刺和批評。
4. 父母親要遵守良好的生活規範。子女的道德觀念和正當的行為是從父母的身教中獲得，而不是從言教或說教中學得。
5. 要尊重孩子的資賦與潛能。每個孩子都有長處，要善加引導。讓子女有機會在成功與受鼓勵的情趣下，學習成功的人生。
6. 讓孩子感受到安全感，但不是溺愛或過度保護；給予自由和自治，但不是放任無度。
7. 父母常跟孩子和諧地交談，關心他，了解他。雖然你不一定給孩子答案，只要平心靜氣地交談，聆聽其傾訴，就能傳遞無盡的關愛和親情。

8. 父母要避免扮演蠻強無理和消極墮落的角色。

9. 要做一位有責任感的父母，但切忌嚴苛的管教。

在教育孩子的過程當中，母親像是滋養兒女的大地，孩子因不斷吸收慈愛而成長。父親像是供給能源的太陽，從父親的典範啟迪下，孩子才茁壯聰慧。《中庸》裡頭說：「天地之道，博也、厚也、高也。」「博厚配地、高明配天、悠悠無疆。」事實上，教育之道就是建立在博厚的仁愛、允許和撫育的母性溫愛，以及開闊、高明、智慧、堅忍毅力的父性典範之中。而高明與博厚之性靈，就在和睦的家庭中綻放其萬丈光芒。

消除心理壓力

愈是高度工業化的社會，生活競爭與心理壓力愈大。我想大部分的父母都已經驗到緊張與壓力，每天早出晚歸，工作忙碌，分秒必爭。如果自己不懂得如何排遣緊張與心理壓力，生活就會變得焦慮而心煩氣躁。其實，對大部分的人而言，心煩氣躁已成為通病，而這種心理生活現象正帶給現代人許多身心上的痛苦，例如高血壓、焦慮、壓抑、頭痛、氣喘、胃疾等等。因此學習消除心理壓力和緊張，是現代人維持心理衛生的重要技能。

現代的孩子也開始感受到一些心理壓力。他們不再像農業社會時代的孩子那樣，能享受到悠閒的生活情趣，接受大自然的陶冶，投入青山綠水的懷抱。今天的孩子，每天面對著緊張的生活，過重的功課，缺乏休閒和適當的運動，於是緊張和焦慮也開始襲擊天真爛漫的孩子。特別是在國中以後，他們承受的心理壓力逐漸增加，升學對他們構成了嚴重的威脅。在長期的焦慮緊張生活中，許多孩子的心智成長受到扭曲，他們不知不覺地變得心胸狹隘，缺乏樂觀與朝氣。於是，父母親不得不協助孩子消除這些心理壓力。

焦慮和緊張的習慣，不但使人感到難耐不快，同時也會影響我們的身心功能。如果能夠學習鬆弛和減除心理壓力的技術，則能增進創造和進取的心情，並維持心理的健康。茲提供幫助孩子消除心理壓力的方法如次：

1. 當孩子感到緊張或心理疲勞的時候，你可以教孩子肌肉鬆弛技術。先使勁用力，如握拳使肌肉繃緊，讓孩子感受到肌肉的緊張，約十秒鐘。然後慢慢放鬆，並體會肌肉完全鬆弛的狀態。連續做幾次之後，再換身體的另一部位做下去。最先做四肢肌肉，再做背肌、胸肌及其他部位的肌肉。這樣的練習能敏感地覺察到自己緊張的肌肉，並藉著全身的放鬆，進而減低緊張與焦慮。

2. 訓練孩子專注呼吸技術。教孩子先鬆弛自己，找個舒適的座位坐下。緩慢地深呼吸，集中注意力去聽自己呼吸的聲音，並感受到自己吸入清新的空氣，透過呼吸把心中的積鬱和污濁的空氣吐出來，做二、三分鐘即能見效。

3. 鼓勵孩子多運動。最好每天早晚都能做運動，包括球類、慢跑、體操或國術。運動不但具有鬆弛肌肉和身心的效果，而且是最好的鎮定良方。

4. 暗示鬆弛法。當孩子開始緊張時，要他輕鬆地告訴自己，安撫自己。例如孩子為考試而緊張，可以教他對自己說：「這次考試並不難！現在我就來練習一下鬆弛！」然後練習肌肉鬆弛技術。

心理壓力對個人的生活品質影響很大。如果一個人在某一特定時間內，受到太多的心理壓力，就會傷害到身心的正常功能。對孩子而言，過度的焦慮、缺乏運動和休息，不但會影響功課，也會影響身心健康。

孩子的心理需要

孩子天生的適應能力很強，活動力大，他們是天生的學習和創造者。我相信孩子天生就能自動學習，是因為我們給他錯誤的引導，才變成被動。孩子天生就是熱心腸，是因為我們給他澆冷水，所以熱心大減。孩子所以漸漸喪失活力，是因為我們忽略了他們心理的資源。

孩子的心理需要是什麼呢？當然是愛。因為愛是精神與心理發展上的哺乳，是孕育性靈與智慧的基元。愛使一個孩子將來成為巨人，偉大的人格是用愛哺育出來的。愛是最被誤解的人性之一。許多人以為愛就是佔有，而把自己的願望延伸到孩子的身上。也有許多人把它視為保護。過度的溺愛與保護，使孩子在精神成長過程中，像得不到陽光一樣的枯黃。

愛固然是一種給予，但是對孩子而言，給予是選擇性的，而選擇的標準就是孩子的心理需要。這些需要包括安全感、自我實現、力爭上游、自由與獨立、受尊重、有意義的生活等。這些心理需求在以上各章中已經加以闡明。茲特別就力爭上游、自由與獨立、受尊重等幾方面加以說明。

首先，力爭上游是人類的天性。俗語說「人往高處爬」，就是指每一個人都有希望超越自己或別人的動機。力爭上游是從「自卑感」衍化而來，孩子從挫折與失敗中，產生不如人的自卑感。接著為了克服自己的劣勢，而產生力爭上游的動機。就心理動力學的角度看，力爭上游與自卑有關。它說明了「失敗為成功之母」和「愈挫愈奮」的古訓。不過，父母親在教導子女力爭上游時，必須注意：

1. 除了要提供成功的機會和成就經驗之外，同時要讓他有接受失敗的挑戰。不過太大的挫折和過多的失敗，會造成嚴重自卑，而產生逃避的行為。
2. 對孩子提供其能力所能及的挑戰，讓他接受適當的失敗，可以激發力爭上游的心志，而變得積極，有活力。

3.當你讓孩子感受到你在欣賞其力爭上游的意志時，其努力的效力便得到增強。

其次，孩子的心理發展過程就是一段追求獨立和自由的過程。自由和獨立感是人類創造力的來源。心理學家弗洛姆在《自我的追尋》（*Man of Himself*，中譯本志文出版）一書中指出：自由是人類的潛能，它是對生命有益的德行，一個自由的人必然清醒，有創造力；不自由的人將受幻覺和欲望所驅使。

對孩子而言，自由是重要的，自由與獨立是兒童人格成長、倫理行為和潛能發展的動力。因此父母要提供適當的自由與獨立的機會。茲建議如次：

1.自由是一種自律行為而不是放縱地為所欲為。

2.自尊是有分寸的。嚴格的父母要求孩子唯命是從，放縱的家庭則對孩子不聞不問，這都是不正確的觀念。真正的自由是經過設計之後，由父母和子女共同分享自治的樂趣。

3.自由是允許孩子在能力所及的範圍內，做一些嘗試，並允許孩子有自己的生活隱私。

4.強制孩子做父母指定的工作，不但容易破壞其自動學習的習慣，有時還會導致被動學習和抗拒學習。

其三，受尊重的心理需求。孩子跟成人一樣需要別人的尊重。但是孩子卻常常在大人生氣時，成為大人發怒洩憤的代罪羔羊。此外，有許多家庭，孩子幾乎沒有參與意見的餘地。傳統的父母親對孩子的庭訓是：「孩子們只許聽不許講！」孩子多話，在過去農業社會裡，視為一種沒有教養的象徵。不過時代不同了，在民主社會裡，參與意見不但是民主社會的常軌和責任，同時也是表達尊嚴的重要途徑。

孩子不受尊重是走向撒謊和反抗的第一步，也是不能發展良好禮貌的原因。禮貌是自己能考慮別人的感受，所表現出來的優良舉止。一個受尊重的孩子，才有群體意識，能設身處地的考慮到別人，而發展好的禮貌。傲慢的態度、冷漠的表情、愛說閒話、嚼舌、惡言誹謗等等，都是不受尊重的孩子最容易反應出來的行為。同時一個經常受蔑視的孩子，甚少快樂，情緒也不安。父母親怎麼尊重孩子呢？我的建議是：

1. 孩子基於好意或熱心所提出的意見或幫助，無論其是否得當，都應予以尊重。
2. 不宜對孩子做傷及自信和自尊的批評和辱罵。
3. 對孩子的錯誤行為不必忙著糾正，應予接受，但不予以贊同。
4. 不宜對孩子做太多挑剔；「大節不踰，小節出入可矣！」
5. 父母可以對孩子發脾氣，容忍對孩子無益，但不要貶損孩子和攻擊孩子。
6. 對孩子做具體敘述的讚美，可導致孩子的自我品評及受尊重的滿足。
7. 對孩子不信任感和盤問其行為，有害於孩子的自尊，並引起反抗。

孩子的身體健康是每一位父母熟知和重視的，但對於心理健康，則往往疏忽。有時，父母親為了孩子升學或過度關心其學業成績，對孩子施予壓力，反而損害其心理健康，以致在生活適應上發生問題。語云：「留得青山在，不怕無柴燒。」有健康的身心，才能發揮孩子的才學，保持心理衛生，才能保住他的智慧與創造力。

15 父母的教導角色

父母在教育孩子的過程中，扮演的角色應該是長輩，同時又是朋友。長輩的角色提供了權威和安全感，形成孩子依賴的溫暖，並奠定道德意識的基礎。朋友的角色提供了情感溝通與彼此了解的機會。一切教導活動都在這兩個活動角色中進行。

在指導孩子學習的過程中，父母也扮演著雙重的角色，他們既是指導者，又是學習者。指導者的角色，提供了典範、身教和學習的方法與動機。學習者的角色，是從孩子的反應和回饋中，了解自己對孩子的教導是否得當，而學習改正。

父母在教育子女的過程中，扮演的角色看似單純，事實上則非常複雜。因此，教導的活動一定要落實在生活上，重視自己和孩子的生活教育才會見效。也只有重視生活本身，透過彼此之間的交流與了解，孩子才會體會到父母的關懷和心意。

就生活而言，你一定會發現自己有待學習的地方很多。因此，自己就是學習者，而不是已經成熟的完人。如果你已體會到這一點，你就能和孩子分享相互勉勵和彼此的溫馨。這也就是所謂「教學相長」。反之，如果你以為孩子應完全聽命於父母，你就會因為享受權威而變得更獨斷。最後無視於自己的弱點，又不能從孩子那裡得到回饋，無從改進自己的生活修養，漸漸走向兩代之間溝通的困難與情感上的淡漠。

循循善誘

父母親對於孩子最好是扮演著循循善誘的角色。但父母親畢竟是平凡的人，不是完美的聖者，所以當他們被孩子的頑皮或不認真惹得發火時，不免要大發脾氣，大聲責罵，給他一個嚴厲的處罰，甚至體罰。於是，有許多父母問道，這樣會影響孩子的心理嗎？我的看法是：你不要內疚，不必為此擔憂。你會有控制不住的時候，如果你平常就注意教導的原則，關懷你的孩子，愛你的子女，那麼你偶爾發脾氣，不會有什麼不好影響。不過，我要提醒你，你要懂得發脾氣之道。你可以光火，表現氣憤，這就是一種教誡，不過你千萬不要在生氣的時候打孩子，不要用辱罵貶損孩子，這是你必須做到的起碼條件。

你當然可以處罰孩子，可以罰他到書房裡閉門思過，可以罰他停看一次卡通影片或影集，當然也可以藉減少零用錢來罰他。處罰在心理學上是一種負性增強制，它被用來消除某些不合宜的行為。對孩子犯錯，父母給予處罰是負責任的行為。

我反對體罰孩子，但是有許多父母都告訴我，不打不行。這一點我要加以說明。體罰是以恐懼和疼痛的方法，禁止孩子再犯錯，它像是一服劇烈的藥物，很快見效，但會留下很多副作用。例如：

1. 父母親在生氣時才打孩子，往往失手過重，打傷孩子。我親眼看過父母把孩子打成重傷。更看過父母生氣時把孩子燙傷。這種傷害在親子間往往留下不可磨滅的重創。

2. 經常打孩子會造成孩子對父母的敵意，但對父母的敵意是非道德的，於是形成孩子內心的矛盾與衝突。後果是用惹是生非來抗議父母，用自暴自棄來逃避心理的矛盾。
3.體罰本身阻礙了親子之間的溝通，情感交流受到影響。
4.體罰並沒有讓孩子真正了解做人處世的道理。除了用懼怕來達到遏阻外，並無啟發作用。
5.體罰使孩子產生被動的態度，失去活潑、積極和進取的思想。
6.體罰所產生的懼怕和不安全感，有礙心理健康，同時影響創造力的發展。

父母親一定要注意，體罰固然是很簡便的方法，一時奏效很快，但是副作用太大了。另一方面，父母親在使用體罰時，因為成效快，用起來簡便，於是「體罰孩子的行為」很容易被增強，養成以體罰教導子女的習慣。

體罰的副作用很大，最好少使用，或避免使用。

教導角色的協調

父母親是兩個不同的教導角色，特別是在心理發展上，父母所代表的教導意義是不同的。因此，正常的教導是由父母共同負起責任。

認同是孩子人格成長的重要過程，父親所能提供的角色和母親所提供者不同。例如男孩在性器期，便開始模仿父親的行為，以討母親的歡心，因而逐漸男性化；女孩開始模仿母親，以討得父親的喜愛，而漸漸母性化。就心理分析學家的看法，戀母情結（Oedipus complex）是男孩子男性化並產生男性行為和態度的動力，而戀父情結（Electra complex）是女孩子女性化和學習女性行為和態度的動力。如果父母親不同時提供相互平衡的教導角色，孩子的心理發展上就不免受影響。特別是在性角色上，可能發生障礙。

此外，我們的社會已經發展到夫妻兩人都必須外出工作的時代。大部分的母親已不再像過去農業社會一樣，有充分的時間在家教導孩子。如果教育子女的工作還是單單落在母親的身上，顯然孩子所得到的關心與照顧是不夠的。因此，父親在教導子女上必須與母親相互配合，共同肩負教導的責任。茲建議父母教導角色協調的原則：

1. 父母對子女的管教態度要一致。意見若有不同必須私下協調，不宜在子女面前為了管教問題爭吵。

2. 父母親對孩子的教導必須相互配合。因此，和諧的父母較能提供高品質的生活教育。

3. 教育子女並不是父母唯一的事情，因此教育子女與事業的發展要同時兼顧。父母親的自我實現是子女最好的學習典範。

4. 父母雙方應該經常就教導孩子交換意見，才能充分發揮兩個教導角色的效能。

孩子的命運大部分決定於父母對子女的影響上。無論是心理上的發展，價值上的判斷和行為舉止的模仿，都是父母與孩子之間互動的結果。孩子把這些互動的記錄牢牢地刻在腦海裡，在長大成人之後，往往不加思索地拿來處理事務。因此，父母的行為舉止，影響孩子思想行為的品質殊大。

一番心血無盡喜悅

教導孩子確實不是一件容易的事。你要有耐性聽孩子說話，還要懂得弦外之音，才能了解孩子需要的是什麼。比如說，孩子在睡覺前對你說「我以後要當警察，專門對付歹徒」。你就要知道，他可能看了電視新聞上孩子被綁票，而內心感到害怕。他在造句作業上寫「真想——我真想再也不回家」，你就該警覺到孩子對父母有了敵意。父母對子女的了解，不是像警探一樣揭發孩子的隱秘，而是了解之後，不著痕跡地加以輔導。

孩子會惹出許多問題，讓你大發雷霆。當然你很想狠狠給他一巴掌，或給他尖酸刻薄的語言攻擊，否則就無法出這口氣。但你一定要自我控制，否則會把「教導」的程式弄亂，引來更多困擾。

回到家裡，經過一天的工作，你已經精疲力竭了，但是你還要耐心地解答孩子提出的難題。許多父母告訴我說，我教孩子做家庭作業，一而再的解釋，他還是不會。我氣得肚子發脹，但還是耐著性子講解下去，真是父母難為。

父母深怕孩子嘗到失敗而傷心，於是費盡心思，設法防止孩子遭遇失敗。但是，過度的保護就無法激勵孩子積極上進。父母真是難為。

孩子要求參加種種活動，讓他參加則顧慮其安全，不讓他參加則於心未忍。天下父母心，無處不是為兒女著想。真讓父母為難！

孩子有很多欲望，給予滿足，現在當然彼此高興，但是將來呢？寵壞孩子的痛楚，誰來承擔？也讓父母為難。教導孩子本來就需要一番心血，你投入多少，孩子就受益多少，你的為難愈多，表示你付出的也多，收穫的會更多。因此，你必須堅守教育的原則，為孩子開拓光明的人生。這是你的責任，當你盡了這個責任，就會感受到無盡的喜悅。

這本書就是為了幫助你盡到教育子女的責任，獲得生命無盡的喜悅而寫的。